Photographs of Clematis flowers

クレマチス 花・写真集

栗山 知美 Satomi Kuriyama   相原 佳暉 Yoshiaki Aihara

碧天舎
Hekitensha

Preface

Everybody collects something, whether it is stamps, coins or plants, we simply cannot resent this. Stamps and coins are easy to collect; they do not eat, they do not drink and they only need to be cared of when obtained but after this they can be left alone for decades. With plants it is another story; they do eat, they do drink and need to be cared of throughout the year. Despite this task for the collector, collecting plants is most popular and satisfying and brings man together worldwide. It is fantastic that plant collectors like Mrs. Kuriyama and Mr. Aihara share their plants and their knowledge to others with this book.

This is a new book on Clematis, a popular garden plant as most species and cultivars in cultivation are hardy. The number of cultivated species and cultivars is hunger, over 4,000 different clematis are grown worldwide. And so, Clematis presents a variety of different flower forms and colours, different habits and different leaf shape, which creates a great interest in this genus. For plant collectors the above factors are the reasons to collect Clematis but this also means that space, time and money is necessary to collect and maintain the plants. Not all of us have this opportunity, but lucky for them is that some have and do share it with others.

A photographic book so that the reader can enjoy all different forms of the plant and flowers. The photographs themselves show the admiration, devotion and knowledge by the compilers, my dear clematis friends Mrs. Kuriyama and Mr. Aihara. The amount of photographs in this book, over 400, shows the range of different forms the compilers have collected over the years and maintained in their gardens. The photographs cover both the so called "large flowering cultivars" and the "small flowering cultivars". There is a chapter on wild and which will become even more popular in Japan, followed by the "florida group" an overview to what extend a collection can go by showing collected items with a clematis illustration and finally the people involved, the real "clematarians".

The compilers of this book have decided to focus on the photographs and not on items as cultivation. Many books, in both Japanese and English, have been published in the past years so this kind of information can be easily found elsewhere. The lack of photographs in a good colour showing a very wide range of different Clematis was the reason to compile this book, so greatly necessary and needed for all clematis lovers and gardeners.

Wim Snoeijer, Gouda, Holland.

序文

人々はさまざまな収集をしていますが、誰も止めることはできません。

切手やコインの場合は一度入手してしまえば、その手入れは不要です。
しかし、植物は一年中手入れが必要となり、そのことに植物収集家は満足感を得ることができます。

栗山、相原両氏が収集した植物や知識をこの本で紹介することは、まことに素晴らしいことと存じます。

クレマチスは4000種以上の原種や栽培種が世界各地に存在し、耐寒性があり、園芸植物として人気があります。それぞれ違った花形、花色、習性、葉の形を持ち、収集家を虜にしてしまう。植物収集には場所、時間、費用が必要で、それらに恵まれていない人もいます。
しかし、両氏は幸運にも満たされていたのです。

読者は各クレマチスの種類や花の相違を知り、写真からは感嘆と愛着を感じられるでしょう。私のクレマチス仲間の栗山、相原両氏はクレマチスの知識があり、編集力を持ち備えています。
写真を400枚以上掲載するのは、長期間掛けて庭で写真を撮ってきた証しでもあります。

この写真集は「園芸大輪品種」と「原種系小輪品種」とが中心になり、また日本でよく知られている野生および栽培品の「カザグルマ」、それにこれから世界的に人気が出てくる「鉄線の類」で構成されています。
また最後には彼らと親しいクレマチス仲間の写真とクレマチス絵柄の品々の写真も載せてあります。

この本は写真に重点をおいて観るもので、栽培については書かれていません。
栽培の情報は日本で、または英国で過去に出版されている多くのクレマチス本で簡単に手に入ります。
多方面にわたっての良いカラー写真のクレマチス本が少ないなか、この本はクレマチス愛好家や園芸家にとって、貴重な一冊であると考えます。

ウイム・スノージャー（オランダより）

翻訳・著者

Photographs of Clematis flowers

Text and photographs copyright © 2003 by Satomi Kuriyama and Yoshiaki Aihara.
Date of Publication 2003, 20, March
Publisher   HEKITENSHA CO.,LTD
          1-2-5-5F, Kandajimbo-cho, Chiyoda-ku, Tokyo 101-0051, Japan
          Phone 03-5217-3171
          Fax 03-5217-3176
          URL http://www.hekitensha.com/
Cover design   Yasunari Murakoshi
Printer   Tosho Printing Company,Limited

ISBN4-88346-170-X
Printed in Japan

表紙カバー・扉写真／マジック ファウンテーン   C. 'Magic Fountain'
作出者：早川廣（raised by H. Hayakawa）

Foreword on large flowers

This is a photographic book of Clematis flowers, we decide not to describe the flowers colour and shapes.

The most important element on the photographs is colours and shapes, the readers of this book will be noticed and satisfied on the colours of photographs and we hope they will accept the flowers shapes.

The important another factor on Clematis - large flowered varieties, is a harmony of tepal and stamen for instance: it is worthy to watch Richard Pennell, Kathleen Wheeler, Sugar Candy etc.
Those anthers are yellowish but filament is reddish-purple colour.

Niobe's anther is yellowish but filament is dark-reddish (same colour of tepal). Madame Michiko's stamen is tricolour - anther is yellowish but filament is dark pinkish and whitish.

We also decide not to write about how to cultivate clematis, as this book is to show the photographs of clematis flowers.

The readers will get the information, if necessary, from other books, such as, how to cultivate clematis, cuttings, flowers colour, flowers size (diameter), single/semi-double/double, blooming period, hardy or not, etc.

For good order's sake, the authors have taken the photographs mainly at their own gardens for 10/20 years.
We are definitely amateur camera-man/woman.

We hope that the readers will enjoy many varieties of Clematis with real colour-photographs.

Thank you.

(Mrs.) Satomi Kuriyama
Kachiguri 411,
Chiaki-cho, Ichimiya-shi
Aichi pref, 491-0802,
Japan
phone No. 0586-77-2513
fax No. 0586-77-2516

(Mr.) Yoshiaki Aihara
Hikarigaoka 3-3-7-1302,
Nerima-ku, Tokyo, 179-0072,
Japan
phone/fax No. 03-5997-7476

クレマチス
（Clematis）

⫸ 園芸大輪品種 ⫷
（Large flowering varieties）

特選150種
（specially selected 150 varieties）

ルーテル C.'Ruutel'
meaning 'Knight'
作出者:Uno Kivistik, Estonia（1980）
hybrid of 'Ernest Markham' × 'Valge Daam'

日本で作出された品種　45種類
海外で作出された品種105種類

日本にあった自生種のカザグルマ（一重）および、その変種の八重咲き種、また中国にあったラヌギノーサとの交雑によりさまざまな品種が生まれてきたので、一重の場合は6弁か8弁が原則である。ときには5弁や7弁が現れることもある。10、12弁の半八重になる場合もある（花はすべて上向きである）。

花弁の表に色彩が現れるのが原則だが、さまざまな交配により弁裏に色彩が現れる場合もある。弁の色彩は白色、ピンク色、赤色、青色、黄緑色、紫色で、濃い色や薄い色もある（茶色、オレンジ色はない）。

弁の中筋に濃い色が出たり、弁先に色がついたり、弁の付け根にのみ色が現れることもある。中筋が薄い色、または白く抜ける場合もある。二色、三色が混じって現れてもおかしくない。たとえば、赤色と青色が混じって赤味がかった青色の場合も見受けられる。

花（花弁）に斑が入った品種がある。たとえば、「入生」は白色地に薄い青色（空色）の斑点が入る。これは、外国（ヨーロッパ）では斑はバイラス（病原菌）が原因だとして敬遠されてきた。私（相原）はこの品種を数本地植えしていたが、他のクレマチスには何の影響もなかった。殺菌剤を多く与えてみたが斑入りの花が咲き、斑が消えることはなかった（41頁参照）。

花芯は雄しべと雌しべで、一般には自花受粉して種子ができる。例外もあり、雄しべが弁化している品種もある。

開花は春から秋で、四季咲きの傾向が大きい。ただし、カザグルマの性質を強くもっている品種は一期咲き（春のみ）である。冬には葉が枯れ、冬眠する（地下の根は冬眠しない）。

花芽は古蔓に付くが、品種により新蔓に開花するものもある。

蔓性で木立性のものはない（例外もある）。葉柄で巻きつく。

原種（自生種）だが、園芸大輪品種として栽培されている「水前寺」と「満州黄」はここで採り上げた。八重咲き、半八重咲き品種およびシベ咲き品種は合計30種類掲載した。

クレマチス大輪品種の由来

　クレマチス園芸大輪品種は、もともと日本に自生していた「カザグルマ」と中国の「ラヌギノーサ」がヨーロッパに渡り、それらの交配により今日にいたっている。

　ここに採り上げた品種は、私たちが保有していたもので、私たちの手で写真に収めた中から特別に私たちの好みの約150種を選んでみた。

　私たちは図鑑を作成する意志は全くない。ただし、クレマチスを美しく撮りたい。また、花の形が最高である時に写真に収めたいと願って撮ってきた。

　クレマチスはさまざまな変化を見せてくれる。形だけでなく、色彩も微妙に変化する。その時々の色彩が写真に現れなければ意味がない。これらのことを正確に表現したいと考え、本書を編集した。

　既存のクレマチス解説本は写真が少ない。品種が多くなかったのかもしれない。私たちはあまりにも多くの品種を収集してしまった。その中からの選定はたいへんな仕事であった。どの品種も出してほしそうに、私たちに訴えてくる。結局、100品種を選ぶ予定であったのが、最終的には約150品種に増えてしまった。

　なお、花の最高の時期がいつなのかも、議論の余地がある。バラはつぼみから少し開き初めの時がよいと言われるが、クレマチスはいつがよいのだろうか？

　クレマチスの花は萼の変化したものである。萼、すなわち葉の変形とも考えられる。だからつぼみは葉の色をしている。園芸大輪品種は花が一般的に上向きに咲く。つぼみのときの内側に色が付き、花芯（雄しべと雌しべ）と花弁の調和が最も大切なことである。

　だから、クレマチスは開花して花芯が少し広がってきた時を最適な時期と、私たちは考えている。以上のことがらをふまえて写真を見ていただきたいと思う。

　クレマチスに多くの肥料を与えると花がよく咲くと言う趣味家もいるが、原点に戻って考えてみよう。野生の"カザグルマ"は肥料がなくてもよく咲いている。クレマチスもあまり肥料が要らないかもしれない。むしろ、野生の花のほうが素朴で美しい。肥料なしで咲いたクレマチスは色彩もよいという説はいかがであろう。ただし、一年中肥料を与えなくてもいいと言っているのではない。開花の前には肥料は不要と思う。

　クレマチスは水分と風を好む種属であることも、明記しておきたい。

クレマチス園芸大輪品種の写真について

　私たちはプロの写真家ではない。またこの写真集は図鑑形式を取っていない。そのため、私たちは花にちょっと変化があった時には、それを写している。

　たとえば、Duchee of Edinburghの写真は、当然全くの白花の八重咲きで、花芯は黄色であり、そのままの写真では変わりばえがしない。しかし、この品種は4月中旬につぼみが膨らみ、霜や寒さに耐えていることがあり、開花した花弁は緑色をしていることがあるため、花の付け根付近が緑色をしているものの写真が撮れる。これは、かえって美しい一点だと思われた。

　Richard Pennell、Kathleen Wheeler、Sugar Candyなどの花芯に注目していただきたい。雄しべの葯は黄色だが、花糸は赤紫色をしている。一般的に花糸は白色が多い。

　弁の花色については、私たちは園芸大輪品種に対して花色を書く必要がないと考えている。カラー写真集である限り、写真が正確な花色であるべきで、花の色彩および花容を書けばかえって混乱を招くと解釈した。ただし、例外もある。カザグルマには白色と青色系があるが、色の差異に興味があるので色彩は述べて説明をしている。鉄線系および原種系小輪品種にも、色彩について必要なものには書き入れた。

　写真が上下逆さになっていたり、藤青色の花が写真ではピンク色であったりすることのないように留意した。

○補足

美佐世（ミサヨ）の交配親

　マダムバンホーテとザ・プレジデントの交配と文献には書かれているが、当時、Madame van Houtteといわれた花は、花芯が薄黄色で、Marie Boisselotのことだったと考えられる。ゆえに、本書では 'Marie Boisselot' × 'The President' とした。

源氏車（ゲンジグルマ）の交配親

　マダムバンホーテとビルドリヨンの交配とあるが、上記と同様に 'Marie Boisselot' × 'Ville de Lyon' とした。

マダム バン ホーテ
C. 'Madame van Houtte'

日本の古い文献に出てくるマダムバンホーテは花芯の葯が黄色だった。本物の葯は黒茶色で、花色は白色である。私（相原）が英国のジム・フィスク氏に尋ねたところ、英国ではマリーボワスロ（葯が黄色）のほうが地植えに適しているそうだ。その後、マダムバンホーテは英国近隣国から姿を消した。1872年に英国で発刊されたクレマチス本には書かれているが、それ以後はどの本にも書かれていない。私は1995〜96年頃に北欧から本物のマダムバンホーテの入手に成功した。この写真は貴重な一点である

ミセス チュムレイ
C. 'Mrs. Cholmondeley'

作出者：Charles Noble, England（1873）
hybrid of 'Fortunei' × 'Jackmanii'
（発音に注意。「ミセスコルモンドール」ではない）

天塩（テシオ）
C. 'Teshio'

作出者：金子佑（raised by T. Kaneko）
花芯は黒茶色（dark brown anthers）
ルリオコシの花芯は黄色（Ruriokoshi—yellow anthers）

シュガー キャンディ
C. 'Sugar Candy'

作出者：Raymond Evison, Channel Islands（1994）

ジャニス ルプレンス No.1
C. 'Janis Ruplens Nr.1'

作出者：Janis Ruplens, Latvia

胡蝶（コチョウ）
C. 'Kocho'

作出者：不明
かなり古い名花

イワン オルソン
C. 'Ivan Olsson'

作出者：Magnus Johnson, Sweden（1955）
seedling of 'The President'

キング ジョージ 五世
C. 'King George V'

作出者：George Jackman & Son, England

リチャード ペンネル
C. 'Richard Pennell'

作出者：Walter Pennell（リチャードは息子）
hybrid of 'Vyvyan Pennell' × 'Daniel Deronda'（1962）

野尻（ノジリ）
C. 'Nojiri'

作出者：サカタのタネ（raised by Sakata-no-Tane）

ミス東京（ミストウキョウ）
C. 'Miss Tokyo'

作出者：日本花卉（raised by Nihon Kaki）

ビル ド リヨン
C. 'Ville de Lyon'

作出者：Francisque Morel, Lyon in France（1899）
hybrid of 'Viviand Morel' × 'texensis'

マスケレイド
C. 'Masquerade'

紹介者：Raymond Evison, Channel Islands（1993）

エクストラ
C. 'Ekstra'

作出者:Uno Kivistik, Estonia (1981)
seedling of 'Madame van Houtte'

面白 (オモシロ)
C. 'Omoshiro'

作出者:早川廣 (raised by H. Hayakawa)

源氏車 (ゲンジグルマ)
C. 'Genji-guruma'

作出者:石綿光太郎 (raised by K. Ishiwata)
hybrid of 'Marie Boisselot' × 'Ville de Lyon'

コレット デビル
C. 'Colette Deville'

作出者:Andre Leroy, France (1885)

バーバラ ジャックマン
C. 'Barbara Jackman'

作出者:Rowland Jackman, England (1947)

ネリー モーザ
C. 'Nelly Moser'

作出者:Moser of Versailles, France (1897)
hybrid of 'Belisaire' × 'Marcel Moser'

シグニー
C. 'Signe'

作出者：A. Antonsen, Denmark（1983）
交配親：unknown

サンセット
C. 'Sunset'

作出者：Arthur H. Steffen, New York, U.S.A.（around 1992）

サンセット
C. 'Sunset'

same plant, the colour will be affected by the temperature and / or moisture.

ヘイントン ルビー
C. 'Hainton Ruby'

作出者：The Valley Clematis Nursery, Hainton,
Lincoln, England（1993）
hybrid of 'Niobe' × 'W. E. Gladstone'

美佐世（ミサヨ）
C. 'Misayo'

作出者：石綿光太郎（raised by K. Ishiwata）
hybrid of 'Marie Boisselot' × 'The President'

ピンク ファンタジー
C. 'Pink Fantasy'

作出者：in Canada, introduced by Jim Fisk (1975)

ダニエル デロンダ
C. 'Daniel Deronda'

作出者:Charles Noble, England(1882)

ミス クローシャイ
C. 'Miss Crawshay'

作出者:George Jackman and Son, England(before 1873)
hybrid of 'patens' × 'lanuginosa'

モーリーン
C. 'Maureen'

作出者:Worth Park Nurseries, Surrey, England(1956)

プロチュース
C. 'Proteus'

作出者:Charles Noble, England and introduced in 1876
hybrid of viticella 'Grandiflora' × 'Fortunei'
新蔓には一重の花が咲く古い名花

カウンテス オブ ラブレース
C. 'Countess of Lovelace'

作出者:George Jackman and Son, England(1871)
hybrid of 'Sophia Plena' × 'Jackmanii'

アークティック クィーン
C. 'Arctic Queen'

作出者:Raymond Evison, Channel Islands(1989)
古蔓、新蔓共に八重の花が咲く

アンドロメダ
C. 'Andromeda'

作出者:Ken Pyne, England (1987)
seedling of 'General Sikorski'

ビビアン ペンネル
C. 'Vyvyan Pennell'

作出者:Walter Pennell, England (1954)
hybrid of 'Daniel Deronda' × 'Beauty of Worcester'
(ビビアンはウォルターの愛妻名)

ミセス ジョージ ジャックマン
C. 'Mrs. George Jackman'

作出者:Jackman of Woking, England (1873)
hybrid of Lanuginosa 'Candida' × 'Fortunei'

ニコライ ルブゾフ
C. 'Nikolai Rubtzov'

作出者:in Ukraine(1967)
hybrid of 'Jackmanii' × 'Nelly Moser'

ラプソディ
C. 'Rhapsody'

作出者:Barry Fretwell, England(1992)

寿(ヒサ)
C. 'Hisa'

作出者:金子寿子(raised by H. Kaneko)

ビーズ ジュビリー
C. 'Bees Jubilee'

作出者:Bees of Chester, England (1958)

ウォルター ペンネル
C. 'Walter Pennell'

作出者:Walter Pennell, England (1961)
hybrid of 'Vyvyan Pennell' × 'Daniel Deronda'

ミセス スペンサー キャッスル
C. 'Mrs. Spencer Castle'

作出者:George Jackman and Son, Woking, England
(around 1913)
最近発売されている品種。時代と共に品種が変化してきた

紅小町（ベニコマチ）
C. 'Beni-Komachi'

作出者：早川廣（raised by H. Hayakawa）

プリンス ヘンドリック
C. 'Prins Hendrik'

trade name: Prince Hendrik
作出者：P. Goedt of Boskoop, Holland（1908）

ベル オブ ウォッキング
C. 'Belle of Woking'

作出者：G. Jackman & son, England（1875）
hybrid of Lanuginosa 'Candida' × 'Fortunei'

マルチ ブルー
C. 'Multi Blue'

作出者:J. Bouter & Zoon, Boskoop, Netherlands (1983)
sport of 'The President'

バイオレット エリザベス
C. 'Violet Elizabeth'

作出者:Walter Pennell, England (1962)
hybrid of 'Vyvyan Pennell' × 'Mrs. Spencer Castle'

スイセイ 2号
C. 'Suisei No. 2'

作出者:日本花卉 (reportedly raised by Nihon Kaki)
この花はマルチ・ブルー (Multi Blue) と同時期頃に発売された。花形、花色は変わらず、同一品種が日本とオランダで作出されたことになる

ジョセフィーヌ
C.'Josephine'

作出者：Josephine Hill, England（1980）
introduced by Raymond Evison（1998）
sport of 'Nelly Moser'（？）

アーネスト マークハム
C.'Ernest Markham'

作出者：Ernest Markham, England（before 1937）

伊勢原（イセハラ）
C.'Isehara'

作出者：西部由太郎（raised by Y. Nishibe）
seedling of 'The President'

花炎(カエン)
C. 'Kaen'

作出者:新沢洋保(raised by H. Shinzawa)

ジャドウィガ テレサ
C. 'Jadwiga Teresa'

別名:C. 'General Sikorski'
作出者:Brother Stefan Franczak, Poland(1965)

ブルー ライト
C. 'Blue Light'

sport of 'Mrs. Cholmondeley' in Holland
discovered by Frans van Haasterd of Boskoop

エトワール ド パリ
C. 'Etoile de Paris'

作出者:M. Christen of Versailles, France（around 1885）
「パリの星」の意味

ロコ コーラ
C. 'Roko-Kolla'

作出者:Uno Kivistik, Estonia（1982）
seedling of C. 'Serebriannyj Ruczejok'

衣笠（キヌガサ）
C. 'Kinugasa'

作出者:早川廣（raised by H. Hayakawa）

アンナ ルイス
C. 'Anna Louise'

作出者：Raymond Evison, Channel Islands（1993）

スノー クィーン
C. 'Snow Queen'

作出者：W. S. Callick（1956），
named, introduced by Alister Keay（1958）

ドロシー ウォルトン
C. 'Dorothy Walton'

別名：'Bagatelle'
作出者：in France（before 1978），
introduced by Jim Fisk, England.

フェアリー クィーン
C. 'Fairy Queen'

作出者：Thomas Cripps & Son, England（1875）

クリスタル フォンテン（フェアリー ブルー）
C. 'Crystal Fountain'（C. 'Fairy Blue'）

作出者：早川廣（raised by H. Hayakawa）
sport of 'H. F. Young'
1）開花：5月初旬

2）開花：6月初旬
same plant

ラモナ
C. 'Ramona'

別名：C. 'Hybrida Sieboldii'
作出者：B. Droog, Netherlands（1874）
seedling of C. lanuginosa

ジョン フクスタブル
C. 'John Huxtable'

作出者：Mr. John Huxtable of Devon, England（1967）
seedling of 'Comtesse de Bouchaud'

セレナータ
C. 'Serenata'

作出者：Tage Lundell, Sweden（1960）
seedling of 'Madame Edouard Andre'

ドロシー トルベール
C. 'Dorothy Tolver'

作出者：Jonathan Gooch, England（1993）
hybrid of 'Vyvyan Pennell' × 'Niobe'

カロライン
C. 'Caroline'

作出者：Barry Fretwell, England（1990）

江戸紫（エドムラサキ）
C. 'Edo-Murasaki'

作出者：荒井正十郎（raised by S. Arai）
hybrid of 'Asagasumi' × 'The President'（1952）

八橋（ヤツハシ）
C. 'Yatsuhashi'

作出者：広田哲也（raised by T. Hirota）

武蔵野（ムサシノ）
C. 'Musashino'

作出者：桜井元（raised by G. Sakurai）
ヨーロッパより "Musa China"（ムーサチャイナ）の名前で逆
輸入したもの

ルイズ ロウ
C. 'Louise Rowe'

作出者：Jean Rowe and introduced by Jim Fisk（1984）
hybrid of 'William Kennett' × 'Marie Boisselot'

アンナ
C. 'Anna'

作出者:Magnus Johnson, Sweden(1974)
seedling of 'Moonlight'

レディ カロライン ネービル
C. 'Lady Caroline Nevill'

作出者:Cripps & Son, England(1866)

紅オコシ(ベニオコシ)
C. 'Beniokoshi'

かなり古い品種。作出者不明

ミス ベートマン
C. 'Miss Bateman'

作出者:Charles Noble, England
hybrid of 'Fortunei' × 'Standishii'
introduced in 1869

ロイヤル ベルベット
C. 'Royal Velvet'

作出者:Raymond Evison, Channel Islands (1993)

ルーサー バーバンク
C. 'Luther Burbank'

作出者:A. N. Volosenko-Valenis, Ukraine (1962)
seedling of 'Jackmanii'

チャリシマ
C. 'Charissima'

作出者:Walter Pennell, England（1961）
hybrid of 'Nelly Moser' × 'Kathleen Wheeler'

W.E.グラッドストーン
C. 'W. E. Gladstone'

作出者:Charles Noble, England（1881）

大和（ヤマト）
C. 'Yamato'

作出者:荒井正十郎（raised by S.Arai）
seedling of 'The President'

キャサリン ウィラー
C. 'Kathleen Wheeler'

作出者：Walter Pennell, England（1952）
seedling of 'Mrs. Spencer Castle'

聖（ヒジリ）
C. 'Hijiri'

作出者：サカタのタネ（raised by Sakata-no-Tane）

マリー ボワスロ
C. 'Marie Boisselot'

作出者：in France（1885）
seedling of 'The President'
白花の代表品種

白妙（シラタエ）
C. 'Shiratae'

作出者：猪野泰三（raised by T. Ino）
hybrid of 'Asagasumi II' × 'Marie Boisselot'

ケンドンソン
C. 'Ken Donson'

作出者：Walter Pennell, England（1976）
hybrid of 'Barbara Jackman' × 'Daniel Deronda'

祥雲（ショウウン）
C. 'Sho-un'

作出者：桜井元（raised by G. Sakurai）
約15年前にヨーロッパより逆輸入したもの

ベル ナンテス
C. 'Belle Nantaise'

作出者：A. Boisselot in France（1887）

マダム グランジェ
C. 'Madame Grange'

作出者：Grange of Orleans, France（1875）

ジョン・ポール 二世
C. 'John Paul II'

作出者：Brother Stefan Franczak, Poland

入生（イリュウ）
C. 'Iryu'

作出者：小沢一薫（raised by K.Ozawa）

柿生（カキオ）
C. 'Kakio'

別名：C. 'Pink champagne'
作出者：小沢一薫（raised by K.Ozawa）

麻生（アサオ）
C. 'Asao'

作出者：小沢一薫（raised by K.Ozawa）
「柿生」と姉妹品種で少々紅色が薄い

ミセス ブッシュ
C. 'Mrs. Bush'

作出者:Unknown(before 1935)

キング エドワード 七世
C. 'King Edward VII'

作出者:George Jackman & Son, England(1902)
hybrid of 'Fairy Queen' × 'Sir Trevor Lawrence'

ファイアーワークス
C. 'Fireworks'

作出者:John Treasure, England(1980年代)
hybrid of 'Maureen' × 'Nelly Moser'

ミセス エヌ トンプソン
C. 'Mrs. N. Thompson'

作出者:Walter Pennell, England（1961）

丈山の里（ジョウザンノサト）
C. 'Jozan-no-Sato'

作出者:早川廣（raised by H. Hayakawa）

雲仙（ウンゼン）
C. 'Unzen'

作出者:金子佑（raised by T.Kaneko）

ムーンライト
C. 'Moonlight'

別名:C. 'Yellow Queen'
作出者:in Sweden, named by Jim Fisk(England)

月宮殿(ゲッキュウデン)
C. 'Gekkyu-den'

作出者:内田作二(raised by S.Uchida)
ムーンライトと色彩は変わらず、弁先の形が少々丸い

月宮殿(左)とムーンライト(右)の比較
C. 'Gekkyu-den' (left) vs C. 'Moonlight' (right)

アラバスト
C. 'Alabast'

作出者：Mogens Olesen of Poulsen Roser, Denmark
（1970）

弥一（ヤイチ）
C. 'Yaichi'

作出者:芝原弥一（raised by Y. Shibahara）

カシオペア
C. 'Cassiopeia'

作出者:Magnus Johnson, Sweden

イオラ フェアー
C. 'Iola Fair'

作出者:Keith Fair, England (1995)
hybrid of 'Niobe' × 'W. E. Gladstone'

エルサ スパース
C. 'Elsa Spath'

別名:ザークシース　C. 'Xerxes'
作出者:L. Spath, Germany (1891)

シルビア デニー
C. 'Sylvia Denny'

作出者:Vince and Sylvia Denny, England (1974)
hybrid of 'Marie Boisselot' × 'Duchess of Edinburgh'

紀三井寺（キミイデラ）
C. 'Kimiidera'

作出者：塩崎吉弥（raised by K. Shiozaki）
hybrid of 'Nelly Moser' × C. patens

クバ
C. 'Kuba'

作出者：Maria F. Sharonova, Russia（1972）
seedling of 'Ernest Markham'
「キューバ」の意味

ジョン ウォーレン
C. 'John Warren'

作出者：Walter Pennell, England（1968）

ベロニカズ チョイス
C. 'Veronica's Choice'

作出者:Walter Pennell, England（1962）
hybrid of 'Vyvyan Pennell' × 'Percy Lake'

ブラック ティ
C. 'Black tea'

作出者:早川廣（raised by H. Hayakawa）

ペンネルズ ピュリティ
C. 'Pennell's Purity'

作出者:Walter Pennell, England（1963）
hybrid of 'Beauty of Worcester' × 'Marie Boisselot'

ワルシャワ ニキ
C. 'Warsaw Nike'

作出者:Brother Stefan Franczak, Poland(1986).

ダッチェス オブ エジンバラ
C. 'Duchess of Edinburgh'

作出者:Jackman of Woking, England(1874)
寒さが残っている時期に開花すると緑色が現れる

ニオベ
C. 'Niobe'

作出者:Wladyslaw Noll, Poland(1970)

花車（ハナグルマ）
C. 'Hanaguruma'

作出者：城者五郎（raised by G. Jyosha）

ペリンズ プライド
C. 'Perrin's Pride'

作出者：A. H. Steffen, New York, U.S.A. introduced by Jim Fisk
hybrid of 'Jackmanii' × 'Ville de Lyon' (1991)

ヘレン クロッパー
C. 'Helen Cropper'

作出者：Vince and Sylvia Denny, England (1985)

ザ ベルベット
C. 'The velvet'

作出者：早川廣（raised by H. Hayakawa）

マジック ファウンテーン
C. 'Magic Fountain'

作出者：早川廣（raised by H. Hayakawa）

ベラ
C. 'Bella'

作出者：Uno Kivistik, Estonia（1982）
seedling of 'Silver Sparkling Brook'

紫盃（シハイ）
C. 'Shihai'

作出者：早川廣（raised by H. Hayakawa）

アラーナ
C. 'Allanah'

作出者：Alister Keay, New Zealand

新紫玉（シンシギョク）
C. 'Shin-Shigyoku'

作出者：早川廣（raised by H. Hayakawa）

ロイヤルティ
C. 'Royalty'

作出者:John Treasure, England (1985)
hybrid of 'Maureen' × 'Countess of Lovelace'

ルージュ カーディナル
C. 'Rouge Cardinal'

作出者:A. Girault of Orleans, France (1968)
hybrid of 'Ville de Lyon' × 'Poupre Mat'

アリス フィスク
C. 'Alice Fisk'

作出者:Jim Fisk, England (1967)
hybrid of 'Lasurstern' × 'Mrs. Cholmondeley'

ペベリール パール
C. 'Peveril Pearl'

作出者：Barry Fretwell, England（1979）

さのの紫（サノノムラサキ）
C. 'Sano-no-Murasaki'

natural seedling of 'Edo-Murasaki'

バーマ スター
C. 'Burma Star'

作出者：Barry Fretwell, England（around 1990）
色彩、花容、樹勢は全く「さのの紫」と変わらず、同一品種が
英国で作出されたものかもしれない

バーバラ ディブリー
C. 'Barbara Dibley'

作出者:R. Jackman, England（1947）

タイタニア
C. 'Titania'

作出者:Magnus Johnson, Sweden（1952）
seedling of 'Nelly Moser'

ガブリエール
C. 'Gabrielle'

作出者:不明
unknown

ビノ
C. 'Vino'

作出者:D. T. Poulsen, Denmark（1970）
hybrid of 'Lasurstern' × 'Daniel Deronda'

白王冠（ハクオウカン）
C. 'Haku-Oukan'

作出者:久保田好雄（raised by Y. Kubota）
seedling of 'The President'

ピイル
C. 'Piilu'

作出者:Uno Kivistik, Estonia（1984）
hybrid of 'Hagley Hybrid' × 'Mahrovyi'

エトワール ド マリコルン
C. 'Etoile de Malicorne'

作出者:A. Girault, France (before 1968)

マーモリ
C. 'Marmori'

作出者:Uno Kivistik, Estonia (1986)
hybrid of 'Hagley Hybrid' × 'Roogoja'

マリア ルイース ジャンセン
C. 'Marie Louise Jensen'

作出者:F. M. Westphal, Germany (1982)

デビュタント
C. 'Debutante'

作出者：Frank Watkinson of Doncaster, England（1990）

マダム ミチコ
C. 'Madame Michiko'

作出者：相原佳暉（raised by Y. Aihara）
natural seedling of 'Mrs. Spencer Castle'（1999）

雪の粧（ユキノヨソオイ）
C. 'Yuki-no-Yosooi'

作出者：早川廣（raised by H. Hayakawa）

ドクター ラッペル
C. 'Dr. Ruppel'

作出者:Dr. Ruppel, Argentina,
introduced by Jim Fisk (1975)

灯(トモシビ)
C. 'Tomoshibi'

作出者:奥坊智昭(raised by T. Okunobo)

雪小町(ユキコマチ)
C. 'Yuki-Komachi'

作出者:倉沢チエ子(raised by C. Kurasawa)
hybrid of 'Comtesse de Bouchaud' × 'Fujimusume'

リベレーション
C. 'Liberation'

作出者：Raymond Evison, Channel Islands（1995）
交配親：unknown（before 1990）

カクパー
C. 'Kacper'

作出者：Brother Stefan Franczak, Poland（1970）

水前寺（スイゼンジ）
C. 'Suizenji'

熊本県地方のカザグルマと考えられる
（This variety must be a wild patens at Kumamoto area.）

ハーグレイ ハイブリッド
C. 'Hagley Hybrid'

作出者:Percy Picton, England(1945)
別名 C. Pink Chiffon(U.S)

スター オブ インディア (日本)
C. 'Star of India' (Japan)

作出者:不明
海外の品種名が間違って入ってきたと考えられる。かなり古くから日本で栽培
されてきた。スターオブインディアとは違うので、「日本」を付けて呼んでいる
(I think this variety should be either 'Lawsoniana' or 'Beauty
of Richmond'.)

満州黄 (マンシュウキ)
C. 'Manshu-ki'

別名:C. 'Wada's Primrose'
中国東北部の旧満州地方の自生種
花色:白色に近いクリーム白色。弁裏の付け根に茶色の輪が入る。寒さが残っ
ている早春に開花すると薄黄緑色になる。
文献によれば、林博太郎氏が1933年頃に自生地から持ち帰ったとある。1965
年に和田氏がエビソン氏に土産として持参したので、Raymond Evisonは「ワ
ダズ プリムローズ」と名付けた。その後、エビソン氏は満州黄の実生ではないか
と言ったが、著者が鑑定したかぎり満州黄と全く同じ花であった。写真は庭植
え(栽培)

［八重咲き品種−花後の状況（特殊なケース）］

花炎（カエン）の花後
C. Kaen's seeds are appearing

八重咲き種の開花後、花弁が枯れず緑色に変化、すなわち葉の状態に戻ろうとすることがある。クレマチスの花弁は萼の変化（進化）したものであるということの証明と考えられる。受粉した雌しべが種子の状態になっても花弁が枯れず、むしろ同化作用を行い、種子に養分を与えているのかもしれない

ビビアン ペンネルの花後
C. Vyvyan Pennell's seed-tails are appearing

After pollinated, stamen falls off, pistil changes to seed-tails/seed-heads, simultaneously tepals will turn to whitish/greenish as if the green-tepal(leaf-like)is doing assimilation giving nutrition to the seed, — unusual phenomenon.

陶器の子猫とC.'Miss Tokyo'
クレマチスは晩秋に開花したもの

大輪品種の種子(種子の球毬)

クレマチス大輪品種の種子

　一般のクレマチスは一花に雄しべと雌しべがあり、自然交配が行われている。雄しべが弁化したものや雄雌異株のクレマチスは例外として、ここでは雌しべの回りを雄しべが囲んでいる一般のクレマチスについて私たちの経験をまとめてみたい。

　この花も自然の摂理にしたがって子孫を残してきた。それは種子を作り、次世代に自分の分身を残す方法である。花そのものが元気、すなわち活発な時には種子ができにくく、むしろ樹勢が弱っている時には種子がよくできる。

　春の花よりも秋の花のほうが、種ができやすい。寒くなり、急いでいるのがはっきりとわかる。

　また、雌しべは同じ花の花粉を受け入れるよりも、他の花の花粉を求めている。

　最初は自花受粉を試み、その後、他の花の花粉を求めるには、それなりの工夫をしている。それは一花でしべの成長が違うことにある。雌しべより雄しべのほうが先に成長するのである。雄しべの花粉が落ちる頃には、雌しべはまだ、一部は受粉可能と思えるが、完全には成長しきっていない。その後、雌しべは雄しべより背が高くなる。

すなわち、他の花粉を求めている証しであると考えられる。

　受粉した種子からは、一花で数個から20個の種ができる。

　私は、完熟する前の種を採っていた。まだ緑色をしている種を採って蒔くほうが、早く発芽した。

　完熟した種子の先には尻尾のような紐がついていて、そこには羽毛が生えていて、風で飛んでいけるようになっているものがある。種が風に乗り、遠くまで飛んでいき、新しいクレマチスの発芽を迎える。なんだかロマンティックで、メルヘンの世界にいるようだ。

　その発芽した苗の花を見て驚くことは、すべての花が違うことである。すなわち、他の花の花粉を受け入れていたからだと考えられる（風で花粉が飛んできたり、蜂や蝶などの虫により他の花の花粉を運んでくる）。

　もう一つの理由として挙げられるのは、遺伝子の関係、交配が繰り返し行われてきたため、多くの遺伝子をもっていることである。先祖代々の花色のどの部分が出てくるかによって、花色が決まるのかもしれない。

クレマチス
（Clematis）

カザグルマ 自生種、栽培品
（Wild/cultivated patens）

カザグルマは日本の自生種か？

　私たちはカザグルマ（C. patens）は日本固有の自生種だと思っていた。東北地方から四国、九州まで所々に自生地があり現在も自生しているからである。

　一方、文献によるとカザグルマは中国・朝鮮半島の原種で、1645年頃に日本に渡ってきたと書かれている。すなわちカザグルマは帰化植物とある。

　それにしても日本全土にどのようにして広がったかには疑問が残る。実際に自生地を観察して、これが帰化植物とは到底認められないのが、実情である。

　カザグルマ（C. patens）は1836年頃、日本よりヨーロッパへ、シーボルドが持ち帰ったと言われていることも書かれていて、ヨーロッパではカザグルマはあたかも日本の原種のように扱われている。

　その後、1862、3年にはロバート・フォーチュンが半八重咲、一重のカザグルマをヨーロッパに持ち帰っている。

　いずれにしても、日本には多くの自生地が存続していることは喜ばしいことである。

　私たちクレマチス愛好家にはカザグルマが日本古来からあったか中国・朝鮮半島から渡来した植物かは大きな問題ではない。それは植物学者にまかせ、現存するカザグルマ自生地を大切に保存していきたい。

　自生地で写真を撮ることは限定される。また、乱獲されたり、土地開発でなくなってしまった場所もあるので、栽培しているものも紹介する。

［自生種／カザグルマの自生地］

兵庫県三田市のカザグルマ

（写真提供：菊田氏）

兵庫県宝塚市長谷地区の
カザグルマ

（写真提供：菊田氏）

大阪府豊能郡能勢町の
カザグルマ

（写真提供：菊田氏）

高知県吾川郡伊野町の
カザグルマ

弁裏に赤色の中筋が顕著（写真提供：菊田氏）

高知県高岡郡高日町妹背峠の
カザグルマ

弁裏に赤色の中筋が美しい（写真提供：菊田氏）

千葉県船橋市の
カザグルマ

（写真提供：菊田氏）

岩手県和賀郡東和町の
カザグルマ（東和町のカザグルマ群）

この地方の自生地は広くはないが、かなり多くの変種があることが判明した。その上、冬の降雪量や気温により、花の色に変化があるように思える。もともとこの地方の人々は、「ピンク色のカザグルマ」と呼んでいた。

1）剣弁で濃い藤青色

2）剣弁でピンク色

3）やや剣弁で薄い藤青色。弁の中が白く抜けている

4) 剣弁で青紫色、中筋が白色で弁付け根には赤筋が入る

5) 弁先が丸弁で青紫色。赤筋が入る。群生

6) こんな奇麗なカザグルマ（野生）があるだろうか?
英国のCharles Chesshireはこの写真を見て、2002年に当地
を探索した。結果、この花は発見できなかった。しかし撮影時
の2000年には確かに咲いていた。冬の天候の変化が原因だ
との結論になった

2002年に英国のクレマチス愛好家チェシール氏（Mr. Charles Chesshire）を現地へ案内したときのもの
1）丸弁で薄い藤青色で広い弁と弁が重なっている

2）剣弁で舟底型。濃い青色、藍色。花芯が濃い赤茶色

3）二花は共に薄い藤青色だが、左の花のほうがより白い

4）剣弁で藤青色。赤筋が入る

5）この花は最も印象的であった。白色に近いほど青味が薄い。その上、薄い黄緑色が弁の中筋に入っている。剣弁で重ね弁。弁先が少々下に垂れていて、花型は最高である

6）剣弁で青紫色

［栽培種］

群馬県・赤城山のカザグルマ（栽培品）

1）開花すると弁先が垂れ、その後弁が水平になる

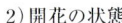 2）開花の状態

益子焼 角皿
鹿野武司氏作

岐阜県土岐市のカザグルマ（栽培品）

1）つぼみには白い短毛が生えている

2）開花の状態

東京都青梅市のカザグルマ

静岡県引佐郡引佐町金指の カザグルマ

1）つぼみの状態

2）開花の状態。弁裏に赤筋が現れる

神奈川県横浜市保土ケ谷区のカザグルマ

奈良県宇陀郡榛原町比布の自生地前
の家の庭に植えられていたカザグルマ

一般に「奈良のカザグルマ」または「大宇陀のカザグルマ」と
言われているものと同じ（写真提供：菊田氏）

兵庫県三田市のカザグルマを庭に
地植えしたもの

広島県高田郡吉田町のカザグルマ

広島県東広島市のカザグルマ

広島県比婆郡高野町のカザグルマ

広島県広島市安佐北区安佐町久地のカザグルマ

岡山県津山市のカザグルマ

1）津山市のカザグルマにもさまざまな形がある（丸弁、剣弁）。
これは剣弁

2）丸弁

大皿　陶芸家 飯田恭子さんの作品（直径43cm）

ルリオコシ
C. ruriokoshi

日本の自生種と言われている
a wild patens-double in Japan

ルリオコシ
C. ruriokoshi

国内で販売されている色の薄い品種。これも日本の自生種
this is also a wild patens-double in Japan

ルリオコシ 八重咲きのカザグルマ
C. ruriokoshi　　　　（栽培品・色違い）

国内で販売されている色の薄い品種。これも日本の自生種
this is also a wild patens-double in Japan

ジョン グルド ベイチ
C. John Gould Veitch （栽培）

1862年にロバート・フォーチュン（Robert Fortune）が日本か
らヨーロッパに持ち帰ったものと言われている。ルリオコシの一
種と考えられるが、日本に自生していた半八重咲きのカザグル
マである。約140年前にヨーロッパに渡り、現在も栽培、販売さ
れていることを知り、心温まる想いがする

雪オコシ
C. yukiokoshi

日本の自生種
a wild patens-double in Japan
1)

2) 大写し

クレマチス
（Clematis）

鉄線の類
（C. florida group）

鉄線の地植え

　日本には多くのクレマチス原種が自生しており、また、園芸新品種も一部の作出家により作出されているが、あまり知られていない。海外の新品種も入ってきているが、一部のクレマチス愛好家だけが保有しているといった状況である。

　そこで、私たちが保有している品種を紹介したい。

　鉄線は海外、とくにヨーロッパには日本から渡っていったので、日本の自生種と思われている。それを解明しながら、白万重やフロリダについての説明をしたい。

　なお、ここでは鉄線を中心にしてその実生を見ていただきたい。

　分類学的に鉄線の類に入らない花でも、鉄線からできたものはここに紹介した。

鉄線

C. florida bicolour syn. 'Sieboldii'

歴史および自生地について

　自生地は中国西部と言われている。中国に自生している鉄線はフロリダ（C. florida）であろうと推測できる。

　日本には、寛文年間（1661-1672）に中国から渡来したといわれている。おそらく、仏教と共に渡来したと考えられる。その時の鉄線はフロリダの状態だったのか、それともフロリダバイカラーだったのかは不明。それともどちらでもない中間的な花（白万重）であったとも考えられる。

　また、別の文献では寛政年間（1789-1800）に渡来したとある（これが現在の鉄線だったかもしれない）。

　いずれにしてもその後の200〜300年間、日本で帰化植物として保存・栽培されていた。

　ヨーロッパへは1776年にチュンベリーによって日本から移入されたと言われている。その頃には、すでに変わったものがいくつかできていたことが文献に書かれている（昭和42年、誠文堂新光社発行『クレマチス』38、39頁参照）。その一つがC. florida Alba Plenaである。すなわち「白万重」であった。チュンベリーが持ち帰ったものは、この変種の白万重のほうだった。

　1836年には、鉄線（C. florida bicolour）が日本から英国に、Dr. Phillipp von Sieboldによって導入された。ゆえにC. florida Sieboldiiと呼ばれている。

　すなわち、鉄線も白万重も、共に日本からヨーロッパに渡った植物である。

　原産地の中国にそれらが存在していたのかどうかは漠然としている。中国の植物志には白万重は書かれている。すなわちC. florida plena（中国名「重弁鉄線蓮」）である。しかし、フロリダバイカラーは記載されていない。鉄線は日本で変種として出てきたものと解釈したい。

鉄線 (テッセン)
C. florida bicolour

1) 紫色の弁化が美しい

　それでは、鉄線の親はどんな花だったのだろうか?

　Augustine　Henryが中国西部でフロリダを発見したのは、1885年である。だが、彼が持ち帰ったとのレポートはない。

　カラーの写真が本に掲載されたのは、1989年発行のバリー・フレットウェルの『CLEMATIS』(Collins社)107頁である。この「フロリダ」は中国自生地の原種である可能性が強い。しかし、後になってRaymond　Evisonは自生の「フロリダ」を誰も入手していないと述べている。

　それでは、フロリダはいかにして出てきたのか?

　それは鉄線の中から先祖の花型のフロリダが現れたのである。これを「先祖返り」と言う。Raymond Evisonがこの「先祖返り説」を彼の本(『The Gardener's Guide to clematis』1998)に書いている。このようにしてフロリダが中国の原種として認められた。

　しかし、そのフロリダにも花型の良いものもあれば、花形が悪いものもある。

2) 弁化した部分が薄赤紫色。気温や水分により花形、花色が
　　左右されることもある

3）紫色の弁化が特に細い

4）弁化した部分が広いが、紫色が少ない

5）雄しべが弁化しているが細い

6）弁化した部分が増え、赤紫色が多くなってきたもの

上：鉄線模様の小皿（ノリタケ）
下：有田焼・額（小）鉄線花

　鉄線の花はよくさまざまな模様として採り上げられているが、絵模様に少々間違ったものが見られる。

　まず、「鉄仙」と書かれているものがある。花のイメージとして「鉄の線」は硬すぎるのかもしれないが。

　鉄線の花は青花、紫の花、赤花などがあるが、本来の色は白色で、花芯が紫色である。

　つぼみの花色が問題であり、クレマチス属の花弁はがくの変化、発達したもので、がくとは葉の変形である。つぼみの色はだいたい葉の色をしている。

　クレマチス属の葉は蔓に対して左右2枚（対性）に出てくる。その葉が交互に描かれているものがある。

　以上のように、花色、つぼみの色、葉のつきかた等で間違っていても、それが模様化してしまっている場合がよく見られる。最近はこれらの問題点に気が付く絵師が現われ、改善されてきている。

　一方、白万重の花模様の絵はいまだ眼に止まっていない。やはり絵としては単純すぎるのであろうか？

　陶器等に現われる「鉄線花」は、クレマチス花の代名詞になっていることが感じられる。本物の鉄線花が描かれているものもある。輪島塗のお盆、木製塗り鉢、お重箱、その他にもあるが、金粉で描かれていることが多い。

白万重（シロマンエ）
C.florida Alba Plena
中国名：重弁鉄線蓮

この変種は花がさまざまな変形をする。白万重の語源は、白色で多くの花弁が重なっていることを意味していると思われる。しかし、実際の花色は薄黄緑色が多い（気温が上がれば白色になる）。

35年前に発刊された本には、白万重とは書かれていない。「テッセンの変わりもの」とか、「テッセンの白花・八重咲き」として紹介されている（注1）。その後、いつの間にか「白万重」と呼ばれるようになったが、シロマンジュウとかシロマンガサネと読む人もいる。むしろ中国名の「重弁鉄線蓮」としたほうがよかったかもしれない。

まずこの品種は鉄線すなわちフロリダバイカラー（C. florida bicolour）からの枝変わり（突然変異）なのである。

これまで、フロリダバイカラーの雄しべの紫色に弁化した部分が、白万重では花弁と同系色になったと考えられていたが、私は次のように考える。

第一段階では、つぼみが開花したときは6枚の花弁があり、弁中央には数枚、数十枚の弁化した細い弁が重なっている。2週間かけて細弁が成長して細長くなり、弁数も増える。この頃には花の最下部にある6弁は枯れ始める。

その後、数週間かけて花型はこんもりとしたバラの花飾りのようになる。弁数は100〜120枚に達している。

この頃に弁中央を調べてみると、雌しべは全く見当たらない。いや、始めから雌しべはなかった。それらは全て弁化してしまっていたのである。

また、弁中央で1、2mmの小さな花弁が見られる。すなわち花弁が作られ、増えてきて、また成長しているらしい。この頃にはすでに6枚の花弁は落ち、下部の細弁も少しづつ落下する。

次の段階では、こんもりとしていた花型が少しづつ変化する。細長い花弁が横に重なり、中央の弁20〜30枚は垂直に立っている。これは雌しべの時のなごりなのかもしれない。また、この部分だけ花色の薄黄緑色が少し濃いように見える。

横に重なりだした細弁を全て取り、中央の垂直に立っている花弁20〜30枚のみにしておくと、一週間後には垂直の弁が多くみられた。やはり中央で弁が作られていた。

花色は白色に近いクリーム色、または薄黄緑色だが、長く観賞ができ、私たちを楽しませてくれる。この白万重は雄しべも雌しべもなく、植物学的には奇形で、子孫を残す能力を自身から捨てた変種である。栽培している鉄線愛好家に雄しべ、雌しべまで花弁に変えて美しく見せたかったのだろうか。

開花から1ヵ月半から2ヵ月ほどかかって一花の一生を終えるが、どの段階でも花として観賞できるクレマチスは他にはない。白万重のせつない気持ちを理解して、この花を大切にしたい。

一方、Christopher Grey-Wilsonは本の中で「稀に種ができる」と書いている（注2）。

雄しべ、雌しべがなくて種ができるわけがない。やはり稀には弁化している雌しべ・雄しべも元の姿に戻るのだろう。ここでも「先祖返り」が行われるのであろうか。ぜひ観察を続けてみたい。

（注1）『新園芸手帳　クレマチス　楽しみ方作り方』誠文堂新光社　昭和42年発行

（注2）『CLEMATIS THE GENUS』122頁

白万重（シロマンエ）
C. florida Alba Plena

最下部の広い6弁が開き、弁化した細弁が開きはじめる

弁化した細弁の満開

最下部の広い6弁が落下し、中心の細い弁が立ってくる

鉄線と白万重の関係

　私たちは共にクレマチス愛好家で、植物学者でもなくクレマチスの研究者でもない。学術的なことはわからないが、この鉄線を栽培していて、興味のある出来事に遭遇した。

　写真のように、鉄線の蔓に白万重と鉄線が同時に咲いたり、一輪の1/3が鉄線で、2/3が白万重だったこともあった。念のため、鉄線のみの写真もある。鉄線を地植えした翌年には鉄線のみが咲いた。その1、2年後には、鉄線と白万重との同時咲きになった。白万重を混植してはいない。

　ここで、鉄線と白万重を比較してみよう。一見全く別の品種のようだが、植物学的には同じものかもしれない。

　私たち人間の眼で見て大きく違うと思われるのは、鉄線の場合は雌しべがあるが、雄しべは弁化して紫色をしていることである。

　白万重の場合は雌しべも雄しべも共に弁化してしまったが、元の弁と同じ白色、薄黄緑色である。

　はたして、どちらが親（先祖）なのか。鉄線から白万重が出たことは写真を見ればわかるが、さまざまな本にも書かれている。

　もしかして、どちらもが親であり、互いに気が向くままに花を咲かせているのかもしれない。

　なお、英国クレマチス協会会報の2000年冬号には、花芯の雄しべが赤紫色に弁化した細弁の鉄線花が掲載されていて、「白万重からの枝変わり（突然変異）でできたものと信じる」と書かれている（注1）。すなわち、鉄線は白万重から生まれたといっている。

（注1）
鉄線—C. florida bicolour（syn.Sieboldii）
Origin：Japan
Parentage and year：Believed to be sport of C. florida 'Plena'.
Introduced by Phillipp von Siebold to the Leiden Botanic Garden and arrived in Britain in 1837.

鉄線の蔓に白万重の同時咲き

鉄線が咲いた時の写真（白万重との同時咲きにはならない）

鉄線と　白万重　の比較

フロリダ

　フロリダについて、多くのクレマチス本を調べてみると、1985年頃までは写真が掲載されていない。すなわち、バリー・フレットウェル氏が写真を載せたのが最初であろう。その頃に初めてヨーロッパで作出されたと考えられる。と言ってもこれは新品種ではなく、鉄線からの枝変わりであり、むしろ鉄線の先祖返りではないだろうか（バリー・フレットウェル『CLEMATIS』1989年　107頁参照）。

　すなわち、中国西部に自生していたのはこの品種だったと考えられる。1885年にAugustine Henryが中国西部で発見してから、ちょうど100年後に世に出てきたことになる。彼は発見したが、持ち帰らなかったことになる。

　とにかく鉄線に変化する以前の古い型の鉄線＝フロリダが出現したことは、鉄線愛好家にはたまらない。フロリダは鉄線よりシンプルで奥ゆかしいと著者は思う。まだ鉄線ほどは知られていないが、多くの人に愛培される日がくるのは、そう遠くはないだろう。

　フロリダは鉄線と同じサイズで、花径は8、9cm、花弁は6枚、時には4枚、5枚もありえる。花色はクリーム色、または薄黄緑色を帯びた白色。花芯は黒紫色。花色は気温により少々変化する。気温が上がってくれば、白色になる。

　フロリダは自花受粉で種ができる。実生で少しづつ変わった変種ができる。その中から大きくて形の良いもの（A）、または花弁や花芯の変化したもので、園芸的に興味があるもの（B）を選別して栽培した。（A）はC. florida 'Evison'、（B）はC. florida 'Pistachio'である。どちらもRaymond Evison氏作出の品種である。
フロリダにも少しづつ変異がみられる。

　フロリダ 'エビソン' は花弁が広くて長く、花芯は黒紫色。
　フロリダ 'ピスタチオ' は花芯の雄しべは紫色で、中心の雌しべの部分は緑色をした未発達の子房の塊。

　フロリダそのものでも、さまざまに変化したものが出回っている。たとえば花弁が波打っている、舟底型になる、花弁が開花すると垂れ下がる、花弁と花弁に隙間ができる等である。優良品種は弁と弁の隙間ができず、弁が波打つことはない。いつまでも水平を保ち、枯れてきても水平を保っていることがある。

　フロリダの出現は各種のクレマチスとの交配を容易にした。新しい園芸品種の作成をクレマチス愛好家が求められているように思われる。色違いのフロリダが出現するのも遠くないであろう。しかし、著者はBarry Fretwellの本に掲載されているフロリダを探し追い求めている。

フロリダ エビソン
C. florida 'Evison'

弁間には隙間がない

5弁で咲いた時もあった。やはり弁幅は広い

フロリダの群生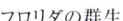

フロリダ ピスタチオ
C. florida 'Pistachio'

フロリダ
C. florida

フロリダエビソンとほとんど変わらない

フロリダ ヨキ
C. florida 'Yoki'

フロリダの優良品種、満開時

フロリダ ヨキ
C. florida 'Yoki'

上の花の2週間後。水平を保っているが花弁が枯れ始め、細くなった状態。とても同じ花とは思えない

フロリダ
C. florida

剣弁の状態

鉄線およびフロリダの実生

　数年前までは、ヨーロッパには鉄線、フロリダの交配種はほとんどなかった。

　ビティセラ系のベノサバイオレシア（C.'venosa Violacea'）が鉄線の血を受け継いでいると言われている。この品種は1910年に作出されたもので、鉄線とビティセラの交配種である。これ以外の交配種は見当たらない。

　数年前に早川廣氏は、鉄線と園芸大輪品種の自然交配種を作出し、フロリダ種（C. florida varieties）のFをとって、仮にF-1、F-2、F-3、F-5、F-6と名前を付け、私たちクレマチス愛好家に分けてくれた。

　インテグリフォリア系と鉄線の交配種も日本で作出された。

　また、Fシリーズの実生も自然に出てきた。その中でも特に私（相原）が絶賛している品種は搗栗と紫栗である。

　また、フロリダが流通し始めたので、自然交配、人工交配が容易になるだろう（フロリダはよく種子ができる）。

　著者の保有しているフロリダは現在、優良品種と思われるが、これ以上のフロリダを作出したいと願っている。このフロリダの種子を蒔けば、フロリダの優良種が出てくる可能性があろう。いや、「フロリダ'エビソン'」より良い、最優良品種が出現するかもしれない。

　また、青色、赤色の鉄線や白万重タイプが作出される日がくるのは、そう遠くないかもしれない。

　さて、昭和42年（1967年）に発刊されたクレマチス本には、園芸品種の中に鉄線の「紫花、花芯白色、一重（珍品）」が載っている。俗に「紫鉄線」とよばれていた品種だと推測される。現在は「紫鉄線」といえばF-1のことを指すと考えられる。

鉄線
C. florida bicolour

花芯の雄しべ（紫色）の部分が少ない

フロリダ
C. florida（from seed）

seeds came from BCS seed-exchange
広弁で弁間がないのが中程に見られる

フロリダ
C. florida（from seed）

seeds came from BCS seed-exchange
弁間が空いているものが多い

［Fシリーズ］ 鉄線と園芸大輪品種の交配
hybrid of C. florida bicolour × large flowered varieties

F−1（一重咲き）

作出者：早川廣（raised by H. Hayakawa）

F−1（半八重咲き）

作出者：早川廣（raised by H. Hayakawa）

F−2

作出者：早川廣（raised by H. Hayakawa）

F-3

作出者：早川廣（raised by H. Hayakawa）

F-5

作出者：早川廣（raised by H. Hayakawa）

F-6

作出者：早川廣（raised by H. Hayakawa）

［F-1の実生］

搗栗（ケグリ）
C. 'Keguri'

作出者：栗山知美（raised by S. Kuriyama）
1）弁裏が紫色、鉄線と同様に雄しべが黒紫色

2）弁裏が紫色だが弁表は薄い

半八重咲き、薄いピンク色

作出者：栗山知美（raised by S. Kuriyama）

一重、半八重咲きの同時咲き

作出者：相原佳暉（raised by Y. Aihara）

しべ咲き

作出者：早川廣（raised by H. Hayakawa）
unnamed

紫栗（シグリ）
C. 'Shiguri'

作出者：栗山知美（raised by S. Kuriyama）

［F－2、F－3、F－5、F－6の実生］

F－2の実生
seedling of F－2

作出者：相原佳暉（raised by Y. Aihara）
白色で薄いピンク色の中筋が入る。フロリダに似てきた

F－3の実生
seedling of F－3

作出者：武山博旨（raised by H. Takeyama）
白色の八重咲き

F－5の実生
seedling of F－5

作出者：栗山知美（raised by S. Kuriyama）
純白色でミスベートマンに似ている

F-6の実生
seedling of F-6

作出者：相原佳暉（raised by Y. Aihara）

九谷焼 染付け鉄線花 浅鉢
杉苔の上に鉢を置いた

第一陶器・茶器のセット 花庵（Hanaiori）
花柄はクレマチスのザプレジデント

❀ 鉄線の交配種
鉄線とインテグリフォーリア系の交配種
（hybrid of florida bicolour and integrifolia group）

ライジング スター
C. 'Rising Star'

作出者:広田哲也（raised by T. Hirota）
鉢植え

ライジング スター
C. 'Rising Star'

作出者:広田哲也（raised by T. Hirota）
地植え

ライジング スター
C. 'Rising Star'

作出者：広田哲也（raised by T. Hirota）
地植え、一番花

ライジング スターの実生
seedling of C. 'Rising Star'

unnamed yet
作出者：相原佳暉（raised by Y. Aihara）
2002年初夏に初めて開花した。花色は来年以降に期待したい
1）つぼみの状態

2）満開の状態

アフロディテ
C. 'Aphrodite'

作出者:宇田川正健(raised by M. Udagawa)
鉢植え
This photograph was taken at Ozawa Nursery

アフロディテ
C. 'Aphrodite'

作出者:宇田川正健(raised by M. Udagawa)
地植え

常滑焼 急須
鉄線花

地植え

鉄線
C. florida bicolour

鉄線、フロリダ ピスタチオおよび
フロリダ エビソンの寄せ植え

F−1の地植え

クレマチス
（Clematis）

≫≫原種系小輪品種および交配種≪≪
（small flowered hybrids and species）

デュランディ　C. 'Durandii'

ファシクリフローラ　C. fasciculiflora（冬咲き種）

原種系小輪品種について

　私たちがクレマチス栽培に興味を抱いたのは、園芸品種の数が多い点であろう。

　クレマチス収集家にとって、世界各地に自生地があり品種の収集が容易く、また、種子から育てて2、3年で開花するのは魅力である。新品種作出も可能である（交配が簡単にできる）。

　他の園芸植物、たとえばバラと比較してみると面白い。

	バラ	クレマチス
開 花 期：	春から秋	一年中開花する。たとえば冬咲き種がある
花　　色：	白、ピンク、赤色が中心。青色がない	ほとんどの色はある。黒色とか緑色もある
花 の 香 り：	芳香あり	強い芳香があるものから、全くないものまである
交　　配：	難しい	簡単
新 品 種：	難しい	簡単
手 入 れ：	難しい	簡単。野生種なので自然に任せておく
病気・害虫：	弱い	わりに強い
収　　集：	場所がいる	100、200種は鉢植えで育てられる

　特に力を入れたのは、冬咲きの品種である。冬の庭には花が少ないので、冬咲きクレマチスを植えて庭を花一杯にしてみてはいかがと思う。

　北アメリカの原種も魅力的である。一般的に初夏の花で、主に壺咲きの品種が多い。挿し芽で増殖できない品種が多く、むしろ種子を蒔くことが楽しみの一つである（北米の原種の保有者が少ない原因の一つでもあるが）。

　他にも多くのクレマチス品種があるが、私たちが保有している品種の中で、写真がよく撮れているものに限定している。

🌾 日本の原種（自生種）

文献によれば11節に分類されている。入手できる範囲のものを挙げると、以下のとおりである。

◎タカネハンショウヅル節 Sect. Connata　　　タカネハンショウヅル（C. lasiandra）

◎オオワクノテ節 Sect. Melatis　　　オオワクノテ（C. serratifolia）
　　　北海道の稚内に昔はあったと言われている。

◎クサボタン節 Sect. Tubulosa　　　クサボタン（C. stans）
　　　タチクサボタン（C. urticifolia）別名：ツボクサボタン
　　　ツクシクサボタン（C. austrojaponensis）
　　　オオクサボタン（C. speciosa）

◎ハンショウヅル節 Sect. Bebaeanthera　　　トリガタハンショウヅル（C. tosaensis）
　　　シロハンショウヅル（C. japonica forma cremea）
　　　アズマハンショウヅル（C.japonica Thunber var. brevipedicellata）
　　　ハンショウヅル（C. japonica）
　　　コウヤハンショウヅル（C. obvallata）
　　　シコクハンショウヅル（C. obvallata var. shikokiana）

◎シロバナハンショウヅル節 Sect. Cheiropsis　　　シロバナハンショウヅル（C. williamsii）

◎ミヤマハンショウヅル節 Sect. Atragene　　　ミヤマハンショウヅル（C. ochotensis）
　　　コミヤマハンショウヅル（C. ochotensis var. fauriei）
　　　フジヤマナ（C. ochotensis var. fusijamana）

◎ボタンヅル節 Sect. Clematis　　　コバノボタンヅル（C. pierotii）
　　　ボタンヅル（C. apiifolia）

◎クロバナハンショウヅル節 Sect. Viorna　　　クロバナハンショウヅル（C. fusca）

◎ビティセラ節 Sect. Viticella　　　カザグルマ（C. patens）

◎センニンソウ節 Sect. Flammula　　　センニンソウ（C. terniflora var. robusta）
　　　フジセンニンソウ（C. fujisanensis）
　　　ヤンバルセンニンソウ（C. meyeniana）

◎ヤエヤマセンニンソウ節 Sect. Naraveliopsis　　　ヤエヤマセンニンソウ（C. tashiroi）

ハンショウヅル
C. japonica

本州、九州に分布。葉は長柄のある三出複葉

高野ハンショウヅル
C. obvallata

2枚の小包葉が花を包む形をしている。蔓が古くなると小包葉に肩パットの形が多く現れるようである

高野ハンショウヅル
C. obvallata

ハンショウヅルによく似ているが、苞が萼に接しており、広楕円形か倒卵形。暗紫色または緑色

タカネハンショウヅル
C. lasiandra

花期：秋咲き（8〜10月頃）
花色：薄いピンク色。弁先が反転し、内弁のほうが色は濃い。
近畿地方から四国九州の山地に自生。文献には中国西部、
台湾にも分布しているとある。しべが長いのが特徴。九州には
赤色や白色の花も自生していると聞く。葉は長柄があり1、2回3
出複葉
1）'pink form'

2）C. lasiandra 'white form'
外弁にはピンク色がわずかに残っているが、弁内は白色

ハンショウヅル
C. japonica

斑入り葉

トリガタハンショウヅル
C. tosaensis

温帯の四国、本州に分布。ハンショウヅルの近縁でその亜種と考えられる。花柄は短く、小苞は基部にあって目につかない

亀甲斑葉トリガタハンショウヅル
C. tosaensis

斑入り葉

四国ハンショウヅル
C. obvallata shikokiana

苞が小さく長楕円形または倒卵形である

白ハンショウヅル
C. japonica forma cremea

タチクサボタン
C. urticifolia

別名：ツボクサボタン
種子をオランダの友人から入手したもの

白花ハンショウヅル
C. williamsii

花期：4月花色：淡黄白色
花形は洋盃形で、下垂して咲く。関東地方の西南部から四国
九州に分布。蔓は木質化する。葉は有柄、3出複葉、小葉は長
卵形、まばらに鋸歯がある

センニンソウ（仙人草）
C. terniflora

花期：8、9月頃
花色：白色
北海道から四国、九州および朝鮮半島、中国大陸に広く分布。
芳香あり

ボタンヅル
C. apiifolia

花期：8、9月頃
日本列島、朝鮮半島、中国大陸に分布

大皿　飯田恭子さんの陶芸作品（直径24cm）
北米の原種クレマチス、バーシカラーを置いてみた

コミヤマ ハンショウヅル
C. fauriei

紫色の仮雄ずい(芯)を持つ下向きの濃紫色の花。奥羽地方の高山に自生。葉は1回3出複葉、小葉は卵形で三裂しても、完全に分かれてしまうことはない

ミヤマ ハンショウヅル
C. ochotensis

ある文献によると、「東京近辺では富士、日光、尾瀬などの湿潤な日陰ではよく見受けられる」とある

フジヤマナ
C. fusijamana

クレマチスの生け花について

　クレマチス花の咲いている姿を見ると、それを部屋に飾りたいと想うのは自然な心の動きかもしれません。この頃は床の間に花を飾りたい時に、お出まし願うのがわが家の原種のクレマチスたちです。

　私自身、小輪品種の原種系が好きで大輪品種は好みませんので、ハンショウヅル系の小さな赤いベル状の下垂した花を、竹籠に自然な形で生け、新鮮な花をその最も美しいときに見て季節を感ずるのが私流の切り花との触れ合いです。

　花といえば豪華絢爛に栽培されたもの、優雅なものに多くの人の眼は惹きつけられる傾向があり、わが家の温室（無加温）に見学にきた方々も、黒花ハンショウヅルや白ハンショウヅル等は眼中になく、大輪品種に眼が向くようです。

　最近は蔓性ではなく木立性のインテグリフォーリア、ディバーシフォーリア系の品種が、切り花として店に出るようになったと聞いております。これらは私のように茶花として使用するのでなく、洋風の、今どきのアレンジメントとして贅沢に飾るのが一般的のようです。

　クレマチスが世の中に切り花として認識されてきたことは、たいへん喜ばしいことです。冬の花の少ない時期には、これまでは椿を飾るのが主流でしたが、最近のわが家では、冬咲きのウロヒラ、シルホサランズドンジェム、またナポーレンシスの種子の付いた蔓を鉈籠に生けたりもします。切り花市場で、冬咲きのクレマチスも取り扱っていただきたいと切望します。

　クレマチスの花後の種子は、全面が絹のような羽毛に包まれた球毬となるものもあります。このような球毬は花にはない風情があり、花材として十分に奥ゆかしい魅力があります。

（栗山）

カーマイン スター
C. 'Carmine Star'

作出者：早川廣（raised by H. Hayakawa）
矮小で半木立性なので蔓にならない。弁の裏表が同じ模様で、上向きまたは横向きに咲く。鉢植えに最適
seedling of an integrifolia hybrid, reverse-side of the tepals are same colours.

冬咲きのクレマチス

Clematis species, hybrids bloomed in Winter season

　冬咲きのクレマチスの原種は多くはないが、収集してみるとさまざまな園芸品種があり、冬の庭を花一杯にすることができる。また、常緑葉が多いので庭に生気を与えてくれるようだ。中国周辺の原種が多いが、特別に「冬咲き」の項を設けて解説したいと考えた。

　著者の一人はこのように述べている。「そもそも私はクレマチスには冬咲きがあり、上手に組み合わせると、一年中花を見ることができると思い、クレマチスの原種に興味をもつようになった」。

　現在保有している品種は下記のものがある。

ファシクリフローラ（C. fasciculiflora）cheiropsis, fasciculiflorae
　常緑葉で葉裏が赤味を帯びていて柔らかい。花はクリーム黄色。

グレウィイフローラ（C. grewiiflora）connatae, connatae
　自生地はヒマラヤ。黄金色の花で、他の花にない花色で庭を引き立てる。ただし、この品種は霜に弱いので家の軒下南側に植えると霜害は防げるが、開花後すぐに地上部が枯れる。寒さにもあまり耐えられないので無加温の温室が必要。開花は12〜1月。あるクレマチス本（英国）にはグランディフローラの写真が載っていて、ヨーロッパでは混乱しているようだ。

ナポーレンシス（C. napaulensis）cheiropsis, cheiropsis
　花芯が長く、雄しべの紫色が鮮やかで、寒い冬に暖かさを与えてくれるように思える。花芯が長いぶん種子の羽毛が素敵である。

シルホサ（C. cirrhosa）cheiropsis, cheiropsis
　変種がたくさん作出されている。5〜10種の園芸品種は入手が可能。特にランズドンジェム（C. 'Lansdowne Gem'）は内弁が濃い赤色で、冬の庭には最適。花が他の変種より少々大きい。

ウロヒラ（C. urophylla）connatae, connatae
　奇麗な白色や薄い黄色があり、寒さで白花の付け根にピンク色が出てくるものもある。常緑葉には細葉、太葉、その中間の葉があり、花形が異なるものもある。

グランディフローラ（C. grandiflora）connatae, connatae
　黄金色の花だが、グレウィイフローラとは花容・葉の形が少々異なる。花期は1〜2月。
　自生地はアフリカ。

クレマチスモリイ（Clematis morii）connatae, connatae
　羽状深裂の葉が美しく、上手に用いるとこれだけでも観葉植物として通用するかもしれない。花は白色から黄色がかった茶色に変化するという。花弁は外側がビロード状の白色だが、なめらかで、ときどき内弁が紫色を帯びている。花の縦は15〜25mmで、横幅は5〜12mmと『Clematis The Genus』に書かれている。自生地は台湾・中国。夏の太陽光線には弱い。日陰で夏を越すと良いようである。C. henryi var. moriiと書かれている文献もあるが、同じ品種かどうかわからない。

　以上の花は12月から2月を中心に開花する（品種名の後の英語名は品種の節、亜節）。
　3月になれば常緑葉のアーマンディの類（176頁参照）が開花し、すばらしい芳香を放つ。

ファシクリフローラ
C. fasciculiflora

花期：12月から3月頃
花色：クリーム黄色を帯びた白色
中国南西部、ミャンマー北部、ベトナム北部に自生。柔らかい
常緑葉、葉裏は赤味を帯びている。花は卵型で弁先が少し反
転する。雄しべが弁の約2/3の長さ

グレウィイフローラ
C. grewiiflora

花期：12月から2月頃
ヒマラヤ地方の原種。葉はカボチャの葉に似ている。花は黄金色で金色の
短毛が生えている。霜に弱い。厳寒には地上部が枯れる
（179ページ参照）

シルホサ バーレリカ
C. cirrhosa balearica

別名：カリシナ（C. calycina）
花期：11月から3月頃
花色：クリーム白色で内弁には赤色の斑点がある
ポルトガル領バーレリック諸島の自生種。常緑葉

シルホサ 日枝
C. cirrhosa var. 'Hie'

作出者：小沢一薫（raised by K. Ozawa）
園芸種。内弁の赤斑（紅赤色）がかなり多くある。レイモンド・エビソン氏が作出したシルホサフレックスは、赤斑が明るい赤色で日枝とは色彩が異なる

シルホサ ランズドン ジェム
C. cirrhosa 'Lansdowne Gem'

作出者：discovered by Michael Jerard, New Zealand（1995）
sport of C. cirrhosa 'Freckles'
花期：11月から3月頃
園芸品種。弁内が赤紅色、外弁の色はピンク色の白濁色

シルホサ ジグル ベル
C. cirrhosa 'Jingle Bells'

作出者：Robin Savill, England（1995）
seedling of cirrhosa 'Freckles'
園芸品種。冬咲きの品種

ナポーレンシス
C. napaulensis

花期：11月から3月頃
ネパール東部からヒマラヤ地方に自生している。ネパールの原
種のためネパーレンシスといわれることがある。細い常緑葉が
夏には落葉する。雄しべ（紫色）、雌しべ共に花弁より長い

グランディフローラ
C. grandiflora

自生地：Angola, Uganda, South Ethiopia, Congo（Zaire）
花期：1、2月
葉の形がグレウィイフローラと異なる。花容も少々違う。霜に弱
い。無加温の温室が必要

グランディフローラ
C. grandiflora

開花前

ウロヒラ
C. urophylla

花期：11月から1月
一般に出ているのは細葉、広葉があり、温度により花色が変わることがある
1）寒冷地帯では弁の付け根周辺にピンク色が出ることがある（写真提供：及川氏）

ウロヒラ（実生）
C. urophylla（seedling）

2）natural seedling of urophylla (4)
適当な寒さであれば純白になる
There are several clone in Europe, Wim Snoeijer has given C. urophylla, a cultivar name 'Winter Beauty'

ウロヒラ（実生）
C. urophylla（seedling）

3）natural seedling of urophylla (4)
花色が黄色がかるのは、何が原因だか判明していないが、直射日光を多く受けた場合か温度が高い場合か、それとも水分の関係だろうか。ハウスの外の日陰においていたもの。広葉

ウロヒラ
C. urophylla

4）これは黄色、赤茶色を帯びている。花弁が広がる傾向がある。
細葉（写真提供：及川氏）

ヘンリー モリイ
C. henryi var. morii (or Clematis morii)

花期：1月から3月
原種。中国、台湾に自生

北島雅子氏のガラス工芸

 ビティセラ
C. viticella

　ビティセラの自生地はヨーロッパのトルコ、イタリア、ギリシャ地方で、英国に導入されたのは1569年といわれている。この原種はくすんだ紫色で、花弁4枚、花径は3〜6cmで、下垂して咲く。花期は6〜9月の一期咲きで、新蔓にたくさんの花をつける。古蔓では花付きが悪い。

　庭植え（地植え）に適している。一株3年生で数百の開花を楽しむことができる。

　ビティセラを交配親に、たくさんの園芸品種が作出されている。現在、ヨーロッパのクレマチス専門店で、30から40品種は入手できる。

　日本ではあまり植えられていないが、ここでは16品種を写真で紹介する。これらは全て園芸品種である。

　なお、日本でもビティセラ系に興味を持ち、品種改良を進めている愛好家による新品種作出の話がある。オレンジ色のビティセラが出現すればと興味がわく。

　ビティセラはビティセラ節、ビティセラ亜節に分類される。

　テキセンシスパゴダはビティセラ系として分類した。

　Prince Charles と Romantikaは、花が大きいので viticella を付けていない。

エトワール バイオレット
C. vit 'Etoile Violette'

作出者：Francisque Morel of Lyon, France（1885）

［ビティセラの類（交配種）］

フルディーン
C. vit 'Huldine'

作出者：Francisque Morel of Lyon, France（1900）

リトル ネル
C. vit 'Little Nell'

作出者：Francisque Morel of Lyon, France（1915）

タンゴ
C. vit 'Tango'

作出者：Barry Fretwell, England（1986）
下垂して咲く

パープレア プレナ エレガンス
C. vit 'Purpurea Plena Elegans'

作出者:Francisque Morel of Lyon, France(1900)
花は八重咲き

テキセンシス パゴダ
C. texensis 'Pagoda'

作出者:John Treasure, England(1980)
texensisの名前がついているが、分類はviticella。下垂ぎみ
に咲く

ベティ コーニング
C. vit 'Betty Corning'

作出者:Betty Corning, U.S.A.(1932)
hybrid of C. crispa × C.viticella
下垂して咲く

マダム ジュリア コレボン
C.vit 'Madame Julia Correvon'

作出者：Francisque Morel of Lyon, France（1900）
hybrid of viticella × Ville de Lyon

ジェニー カディック
C.vit 'Jenny Caddick'

Probably synonymous to 'Docteur Le Bele'
花は少々大きい

ビティセラ キエフ
C. vit 'Kiev'

プリンス チャールズ
C. ‘Prince Charles’

作出者:Alister Keay, New Zealand（1975）

ロマンティカ
C. ‘Romantika’

作出者:Uno Kivistik, Estonia（1983）

アルバ ラクジュリアンス
C. vit ‘Alba Luxurians’

作出者:Veitch & Son, England（ca 1900）

ベノサ バイオレシア
C. vit 'Venosa Violacea'

作出者:Victor Lemoine of Nancy, France(1883)

メアリー ローズ
C. vit 'Mary Rose' (syn. viticella 'Floro Pleno')

かなり古い品種(1623年以前から存在していた)。花径3～5cmの小輪

ポーリッシュ スピリット
C. vit 'Polish Spirit'

作出者:Brother Stefan Franczak, Poland(1984)

北米のクレマチス

　北アメリカの原種は一般に壺型が多い。ある文献には crispa、pitcheri、verticillaris、viorna、texensis の5種が記載されていたが、写真は全く載っていなかった。また、あるクレマチス本にはテキセンシスのみが記載され、写真も載っていた。

　私たちは下記の品種の大部分を保有しているが、一部は入手できていない。リストは節、亜節に分けて分類してみた。

　これらの品種があまり知られていない理由は、繁殖が容易でないからであろう。クレマチスは一般的に挿し芽での繁殖が可能だが、これらの原種は種子での繁殖に頼っている。

ビオルナ節 Sect. Viorna
　　　　　◎ビオルナ亜節 sub sect. viorna　　　　　　　　アディソニー（C. addisonii）
　　　　　　　　　　　　　　　　　　　　　　　　　　　グロウコフィーラ（C. glaucophylla）
　　　　　　　　　　　　　　　　　　　　　　　　　　　モレフィルディ（C. morefieldii）
　　　　　　　　　　　　　　　　　　　　　　　　　　　ピッチェリー（C. pitcheri）
　　　　　　　　　　　　　　　　　　　　　　　　　　　レティキュラータ（C. reticulata）
　　　　　　　　　　　　　　　　　　　　　　　　　　　テキセンシス（C. texensis）
　　　　　　　　　　　　　　　　　　　　　　　　　　　バーシカラー（C. versicolour）
　　　　　　　　　　　　　　　　　　　　　　　　　　　ビオルナ（C. viorna）

　　　　　◎クリスパ亜節 sub sect. Crispae　　　　　　　クリスパ（C. crispa）

　　　　　◎インテグリフォリア亜節 sub sect. Integrifolia　コアクティリス（C. coactilis）
　　　　　　　　　　　　　　　　　　　　　　　　　　　オクロリューカ（C. ochroleuca）

　　　　　◎バルドウィニアーナ亜節 sub sect. Baldwinianae　ソーシャリス（C. socialis）

　　　　　◎ハースチシマ亜節 sub sect. Hirsutissimae　　　ハースチシマ（C. hirsutissima）

　　　　　◎フスカ亜節 sub sect. Fuscae　　　　　　　　　フスカ（C. fusca）
　　　　　　　　　　　　　　　　　　　　　　　　　　　イアンチーナ（C. ianthina）

ボタンヅル節 Sect. clematis
　　　　　◎ボタンヅル亜節 sub sect. Clematis　　　　　　ドルモンディ（C. drummondii）

ミヤマハンショウヅル節 Sect. Atragene　　　　　　　　　コロンビアーナ（C. columbiana）
　　　　　　　　　　　　　　　　　　　　　　　　　　　コロンビアーナテヌイロバ（C.columbiana tenuiloba）

ラジアンサ節 Sect. Lasiantha　　　　　　　　　　　　　ラジアンサ（C. lasiantha）

［北米の原種］

モレフィルディ
C. morefieldii

花期:6月から8月
C. viornaと近縁関係にある。

テキセンシス
C. texensis

花期:初夏から秋
蔓性。冬は地上部が枯れる。蔓まで赤くなる

オクロリューカ
C. ochroleuca

花期:初夏から秋
木立性。矮性(30cm以内)。冬は地上部が枯れる

クリスパ
C. crispa

花期：初夏から秋
冬は地上部が枯れる
1）蔓性

2）これは青紫色で上述と異なるが、形はクリスパである

ソーシャリス
C. socialis

花期：初夏から秋
木立性。矮性（30〜40cm以内。笹百合のような葉。地下茎（ランナー）で繁殖する

ビオルナ
C. viorna

花期：初夏〜秋
木立性1から1.5m。冬は地上部が枯れる

ビオルナ系の種子

ピッチェリー
C. pitcheri

花期：初夏から秋
蔓性。冬には地上部が枯れる

コアクティリス
C. coactilis

花期：初夏から秋
木立性矮性（50cm以内）。冬は地上部が枯れる

コアクティリス
C. coactilis

上と同じもの。切り花として出荷されているという

テキセンシス スカーレット
C. texensis Scarlet

（official name: 'Texas Leather Flower' or
'Scarlet Clematis'）

テキセンシスの変種として生まれてきたものだが、他の品種との
交配ではないので、原種の枠に入れた。テキセンシスの内弁は
黄色だが、このスカーレットの内弁は赤色。弁が長いので、細
長く上品に見える

アディソニー
C. addisonii

花期：初夏から秋
木立性で矮性、花色は青紫色
1）冬は地上部が枯れる。蔓性の品種もある

2）花色は赤紫色だが、木立性、矮性

バーシカラー
C. versicolour

花期：初夏から秋
蔓性（1～1.5m程度）。冬は地上部が枯れる

コロンビアーナ テヌイロバ
C. columbiana var. tenuiloba

花期:4月から6月

薄青色だが、少々白色に見える。低地で咲くと色が薄くなるという。この写真は秋に開花したもので、背丈15cm足らずで咲いた。アルピナと比較して、弁がかなり長い

レティキュラータ
C. reticulata

花期:8、9月

蔓性。冬は地上部が枯れる

1)このレティキュラータは青紫色。他の北米の原種と比較して花期が遅い

2)赤色のレティキュラータ。弁先は反転し、濃赤色

ハースチシマ
C. hirsutissima

ラジアンサ
C.lasiantha-sect. Lasiantha

花期:3月から5月
花型:白色
原種。蔓性。弁数4〜6枚。雄しべのみが発達している雄花
が咲くケースもあると、文献に書かれている。写真は雄花

[交配種]

シムシー
C. 'Simsii'

C. crispa × C. viorna = C. 'Simsii' と言われている。
自生地での自然交雑ではなく、ナーサリー内での自然交雑と
文献にある。この品種は自生地では見られない

パープル トレジュアー
C.'Purple Treasure'

作出者:栗山知美（raised by S. Kuriyama）
seedling of C. simsii（seed-from BCS seed-exchange）
（「紫色の宝物」の意味）
弁は肉厚。花茎は2から2.5cm。鐘型で花形がたいへん良い

クリスパ アン ハーベイ
C. crispa 'Anne Harvey'

作出者:Anne Harvey, Canada
hybrid of C. crispa × C. pitcheri
交配種

九谷焼　盛皿　8.2号（直径25cm）
赤花はテキセンシス

切り花としてのクレマチス

　クレマチスには、生け花として細々と利用されてきたという歴史がある。

　20年前にA氏は、ザプレジデントの改良品種（弥一）を作出し、笹竹に蔓を絡ませた状態で出荷していたと、本人から聞いた。

　B氏はテキセンシスおよびその交配種を中心に、北米の原種の切り花を出荷している。考えてみると確かに興味ある事実が判明する。

1）テキセンシスの交配種（Duchess of Albany, Gravetye Beauty, Princess Diana, etc）は花柄が長く、花（花柄つき）だけを切り取れるので、ブーケに最適である。また蔓付きでの出荷も可能である。

2）北米の原種（テキセンシス、コアクティリス、ソーシャリス、etc）は、茎、蔓を付けて出荷されている。生け花後に茎、蔓を挿し芽しても、発芽しない。増殖は種子で行われている。あのすばらしい、珍しいcoactilisも生け花として販売されているが、挿し芽では増殖しないため、あまり保有している人はいない。

　最近の生け花事情を生産業者に聞いてみると、カーネーション、バラの時代は終わったということである。現在のブームはトルコ・キキョウらしい。次に期待されている花はクレマチスだということで、一部の生産業者はクレマチスの生産を始めている。クレマチスのみに切り替えた業者もいると聞く。

　最初に眼をつけられたのは、インテグリフォーリア、ディバーシフォーリア系である。この系統は木立性で、多花性である。花弁の表、裏が同色である。花色は赤色、ピンク色、青色、紫色、白色が望まれる。Durandiiは花が大きく、花色が良く、花は横向きに咲く。Durandiiの改良種で上向きに咲き、花柄が太い「福園」は、切り花として販売されている。Durandiiの赤花と呼ばれている"Inspiration"も切り花として出荷されている。Arabellaは花が小振りだが上向きで、花色は薄い青紫色、切り花としての評判が良い。Petit Faucon、Aljonushka、Pangbourne Pink、Eriostemonなども切り花用として利用されている。

　Durandii系では白花が最も切望されている。Durandiiまたは「福園」、Inspirationと、白花で3点セットを組むことができる。

　花の少ない冬季（12月から2月）に咲くクレマチスは、重宝され始めている。たとえばウロヒラは白花で下垂して咲き、常緑葉との対比が良い。シルホサランズドンジェムは内弁が赤く、外弁は薄い濁赤色、同じく下垂して咲く。花が小輪で多花性の品種、また強い芳香のある品種に、興味が高まっているようだ。たとえばアロマチカ（Aromatica）は小輪で強い芳香性があり、切り花として近々販売されると聞く。黒色または茶黒色の花フスカ（fusca）、小輪だが茶色の花のマイエンジェル（My Angel）は、暖かくなれば黄色に変わるところなども意外性があり、切り花に利用されるだろう。

　いずれにしても、クレマチスはバラエティに富んでいるので、切り花として、また鉢物としても、さまざまな利用価値があると言える。

　切り花または小鉢での飾り物としては、「白万重」は貴重な品種だが、意外に知られていない。これは花一輪が1ヵ月から1ヵ月半もの間、咲いている。その間にさまざまな花形を見せる。

　ニュージーランドのマーモラリアの交配種は人参葉で、これも意外性があり、切り花として利用されるだろう。花は白色だが葉に観賞価値がある。

（相原）

［北米のテキセンシス系の交配種］

テキセンシス サー トレボー ロウレンス
C. texensis 'Sir Trevor Lawrence'

作出者:George Jackman & Son, England(1890)
hybrid of C. texensis × C. 'Star of India'

プリンセス ダイアナ
C. texensis 'Princess Diana'

最初は 'The Princess of Wales' と呼ばれていた。
作出者:Barry Fretwell, England(1984)
hybrid of C. 'Bees Jubilee' × C. texensis
花は上向きに咲く

テキセンシス カイウ
C. texensis 'Kaiu'

花期:6月から9月
エストニアで1982年に作出された。最初はピンクがかった白色。
下垂して咲く

テキセンシス ダッチェス オブ アルバニー
C. texensis 'Duchess of Albany'

作出者:George Jackman & Son, England（1890）
hybrid of C. texensis × C. 'Star of India'
上向きに咲く

テキセンシス エトワール ローズ
C. texensis 'Etoile Rose'

作出者:Victor Lemoine of Nancy, France（1903）
hybrid of C. globulosa × C. viticella variety
花は下垂して咲く

テキセンシス グラベタイ ビューティ
C. texensis 'Gravetye Beauty'

作出者:Francisque Morel of Lyon, France（1900）
hybrid of C. texensis × large-flowered variety
開花は上向きに咲く

ディバーシフォーリア、インテグリフォーリア・グループ
diversifolia, integrifolia groups

diversifolia group = cultivars are delived directly or indirectly from C. integrifolia × C. viticella (or others)

integrifolia group = cultivars are mainly delived from C. integrifolia

ディバーシフォーリア・グループには下記の品種が入る。

　　Aljonushka, Arabella, Durandii, Eriostemon, Hendersonii, Inspiration, Blue Boy, etc

インテグリフォーリア・グループには下記の品種が入る。

　　integrifolia Alba, integrifolia Rosea, integrifolia, integrifolia Budapest, etc

両方のグループに共通している点は木立性、冬には強剪定。

	diversifolia	integrifolia
弁　数：	4枚から6枚	4枚
花向き：	下垂または上向き	下垂
花　色：	赤紫から青紫	白色、赤紫色、青色、青紫色
花　径：	4cmから12cm	5cm以内
背　丈：	150cm	50cm

以上はウイム・スノージャー氏の分類

diversifolia：	プチ フォーコン	Putit Faucon	篭口	Rouguchi	徳法寺ピンク	Tokuho-ji Pink
	デュランディ	Durandii	アルジョヌスカ	Aljonushka	徳法寺ブルー	Tokuho-ji Blue
	福園	Fukuzono	アラベラ	Arabella	ジュウリ	Juuli
	インスピレーション	Inspiration	エリオステモン	Eriostemon		

Integrifolia：	パングボン ピンク	Pangbourne Pink	ブダペスト	inte. Budapest
	インテグリフォーリア	integrifolia	白麗	inte. Hakurei
	フローリスV	inte. Floris V	清流	Seiryu

篭口
C. 'Rouguchi'

作出者：小沢一薫（raised by K. Ozawa）
hybrid of C. integrifolia × C. reticulata
花期：6月から9月
交配種。木立性150cm以内。多花性で切り花に向く

ジュウリ
C.'Juuli'

作出者:Uno Kivistik, Estonia（1984）
hybrid of C. integrifolia × C. viticella

インスピレーション
C.'Inspiration'

作出者:Wim Snoeijer, Netherlands
hybrid of 'integrifolia Rosea' × 'Warsawska Nike'
花期:6月から9月
交配種。デュランディの赤花（ピンク色）として切り花用に重宝
されている

インスピレーションの切り花
cut-flowers of C.'Inspiration'

プチ フォーコン
C. 'Petit Faucon' (syn. C. 'New Eriostemon')

作出者：Raymond Evison, Channel Islands (before 1997)
hybrid of 'Eriostemon' × 'Daniel Deronda'
木立性。100cm以内。外側の雄しべの花糸が青紫色。切り花に良い

徳法寺 ピンク
C. Diversifolia 'Tokuho-ji pink'

作出者：栗山知美（raised by S. Kuriyama）
花期：6月から9月
交配種。木立性。背丈は150〜200cm。切り花に適している

徳法寺 ブルー
C. Diversifolia 'Tokuho-ji blue'

作出者：栗山知美（raised by S. Kuriyama）
花期：6月から9月
交配種。木立性。150cm程度まで伸びる。切り花に向く

アラベラ
C. 'Arabella'

作出者：Barry Fretwell, England
hybrid of C. integrifolia × C. lanuginose−Hybrid
木立性。150cm程度まで伸びる。切り花に向く

エリオステモン
C. 'Eriostemon'

integrifolia × viticella in 1835
木立性。150cm以内。多花性

アルジョンヌスカ
C. Diversifolia 'Aljonushka'

作出者：in Ukraine
hybrid of 'Nezhdannyi' × integrifolia（1961）
木立性。高性で150cmになる

インテグリフォーリア
C. integrifolia

原種。自生地はヨーロッパ中部、東ヨーロッパ。木立性。背丈は
30〜50cm。切り花に適している。個体差があり紫色の濃いも
のもある

パングボン ピンク
C.integrifolia'Pangbourne Pink'

作出者:in England
selected form of integrifolia 'Rosea'（1992）
木立性。50cm以内。切り花に良い。花は下垂、横向きに咲く

清流（セイリュウ）
C. 'Seiryu'

作出者:早川廣（raised by H. Hayakawa）
インテグリフォーリア系と園芸大輪品種との交配種。木立性。
150cm程度まで伸びる。花柄が細くて長いが、切り花に向く

インテグリフォーリア ブダペスト
C. integrifolia 'Budapest'

福園（フクゾノ）
C. 'Fukuzono'

作出者：広田哲也（raised by T. Hirota）
花期：6月から9月
木立性。100cm程度まで伸びる。デュランディの実生。花柄が太くて切り花に向く。花が上向きに咲く

白麗（ハクレイ）
C. integrifolia 'Hakurei'

作出者：早川廣（raised by H. Hayakawa）

デュランディ
C. 'Durandii'

作出者:Durand Freres, France(1874)
hybrid of C. integrifolia × C. 'Jackmanii'
花期:6月から9月
交配種。木立性。100cm以内。インテグリフォーリア系の中では花が大きい。切り花に良い。花は横向きに咲く

フローリス V
C. 'Floris V'

赤ワインの色をしている

ティーセット
tea-cup, saucer, little plate
ハロウリー社製(英国)
写真提供:Mr. Wim Snoeijier, Holland

大皿、小花瓶、楕円形大皿
plate, vase, oval dish
ポートメイリオン社製（英国）
写真提供：Mr. Wim Snoeijier, Holland

バター入れ
butter jar
シルバックウエア社製（英国）
写真提供：Mr. Wim Snoeijier, Holland

マ グ
mug
クロウントレント社製（英国）
写真提供：Mr. Wim Snoeijier, Holland

ニュージーランドおよびその周辺のクレマチス

　ニュージーランドには原種のクレマチスが11種類あり、そのいずれも雌雄異株である。だいたい雄花のほうが大きく、私たちの入手可能なものは雄株のほうが多い。

　この種の特徴として、葉は他のクレマチスとは異なり、人参葉のものか、あるいは afoliata、quadribracteolata のように、幼苗においては小さな葉があるが、成苗には葉がないか、稀に水を多く与えると現れる程度であるものとがある。また、広葉（三出葉）もあるが、いずれもナメシ革質のものが多く、水分の発散を抑えているようである。

　花は単性花であり、tepal は4枚から8枚で、平開咲きである。

　近年、このグループ内での品種間の人工交配種が多くできて販売されている。それらは原種よりも作りやすく、また、日本でも非常に多くの花を咲かせられる。

　しかし、色はグリーンがかった黄色か白色であり、他の色の花がないのが寂しい。

　早春に赤、ピンク、青、紫等の他のクレマチスに見られるような花の色が咲き乱れたら、どんなに素敵だろうか。これは未来への課題である。

　また、タスマニア島には gentianoides という特有な形態をもつクレマチス（原種）がある。単性花で葉が秋には少し紅葉し、蔓性ではなく草性である。花は単頂花序であり、地植えにすると辺り一面に星をちりばめたように花を咲かせる。

Novae-Zeelandiae	C. afoliata
	C. australis
	C. foetida
	C. forsteri
	C. hookeriana
	C. indivisa（syn. C. paniculata）
	C. marata
	C. marmoraria
	C. parviflora（syn. C. cunninghamii）
	C. petriei
	C. quadribracteolata
Aspidanthera,	Sub sect. Aspidanthera
	C. gentianoides

交配種:

　marmoraria × paniculata = cartmanii 'Joe'（male）

　petriei × marmoraria＝これをcounty park hybridと言い、その中の2種にFairy（female）とPixie（male）がある。

　marata × marmoraria = Moonman（male）Lunar Lass（female）

　County park hybrid × indivisa = Early Sensation（female）

　Fairy × foetida = Moonbeam（male）

ニュージーランドのクレマチスは雄雌異株で花一輪は雄花か雌花かである。
だいたい雄花のほうが大きく、園芸としては雄株の苗が販売されている。

フォステリー
C. forsteri

葉は軟らかく常緑。原種

カルトマニー ジョ
C. cartmanii 'Joe'

交配種。雄花。人参

カルトマニー ジョ
C. cartmanii 'Joe'

地植えして大きくなったカルトマニー ジョ

マラータ
C. marata

極細葉で花は緑色（クレマチスで緑色は珍しい）。原種

ペトレイ
C. petriei

幻想的に見えるが、地植えしたもの。原種

パニキュラータ
C. paniculata　別名：インデバイサ（C. indevisa）

ニュージーランドの原種（自生）。花は雄雌異株。常緑葉。ノコ
ギリ状の三出葉でナメシ革質。時には赤斑が入ったのも見受
けられる。花は平開咲きで白色。早春の気温が低いと薄黄緑
色になる場合もある
雄花

マーモラリア
C. marmoraria

ニュージーランドの原種。人参葉。極く矮性種（5〜10cm程度）。
山草趣味向き。交配の親として使用される

［ニュージーランド原種の交配種］

アーリー センセーション
C. 'Early Sensation'

雌花

ピクシー
C. 'Pixie'

雄花

マーモラリア×マジョジョ
C. marmoraria × C. 'Majojo'

名前：不明
雌花

ムーンビーム
C. 'Moonbeam'

hybrid of C. Fairy × foetida hybrid
大きな円錐花序を作る少し緑がかった黄色の花は、後にクリーム色に変わる

マジョジョ
C. 'Majojo'

marmoraria × Cartmanii 'Joe' でできた品種に、再度
Cartmanii 'Joe'（male）を掛け合わせてできた交配種
雄花

ルナ ラス
C. 'Lunar Lass'

hybrid of C. marata × C. marmoraria
雌花

ゼンチアノイデス
C. gentianoides

タスマニア島の原種。常緑葉の草性で新葉の頃は赤紫色をしている。雄雌異株。バリー・フレットウェルが彼の著書『クレマチス』の中で、開花の様子を「無数の白い星が地上に落ちたように見え、最もクレマチスらしく見えない原種」と書いている
雄花

雌花
Barry Fretwell comments in his book "… gives the impression of myriads of white stars sitting just above the ground. A most unclematis-looking plant."

🦋中国の原種について

　中国には多くの原種が自生している。『中国植物志』には変種を除き、108品種が書かれている。鉄線、カザグルマ、ラヌギノーサ、アーマンディ、モンタナ類、ウロヒラ、クレマチス モリイ、ファシクリフローラ、グレウィイフローラ等は別の項で解説した。この項で紹介したい品種はまだあるが、私たちが保有しているものに限定する。

　その中でまず挙げたいのは貴州鉄線蓮（C. kweichowensis）である。常緑葉で耐寒性もある。蔓性だが、時計草のような巻きひげで絡みつく。黄色の花は下垂して釣り鐘状に咲く。

　次に挙げたい品種はラナンキュロイデス（C. ranunculoides　毛茛鉄線蓮）である。小沢一薫氏が約30年前に中国で採集してこられた品種が、国内の花木苗店で販売されていた。現在3、4種が国内で入手できるようだ。

　その次はブチャナニアーナ（C. buchananiana　毛木通）であろう。

黄花鉄線蓮組では：オリエンタリス（C. orientalis）　　　　イントリカータ（C. intricata）
　　　　　　　　　セラティフォリア（C. serratifolia）　　タングチカ（C. tangutica）

　私はヘキサペタラ（C. hexapetala　棉団鉄線蓮）が好きである。木立性で細葉、白花の6弁（hexa-petala）で、つぼみは棉の実が弾けたように見える。

　ベイチアーナ（C. veitchiana）は時にはレーデリアーナ（C. rehderiana）と混同される。私たちは前者のほうが花型が整っていると思う。

　アエスシフォーリア（C. aethusifolia）は人参葉を細かくしたような葉で、薄黄色の花が下垂して咲く。葉と比較して花が大きく見える。

　ウンシナータ（C. uncinata）は蔓性で柔らかい常緑葉。花期は5月。白花で少々芳香がある。

　チネンシス（C. chinensis）やオブスキュラータ（C. obscurata）等は仙人草に似ている。

上記の品種をSect、Sub sectに分類する（『中国植物志』第28巻の分類法による）

品種名	Sect.	Sub sect.
florida、patens、lanuginosa	Viticella	
armandii	Clematis	Rectae
montana、spooneri	Cheiropsis	
Clematis morii	Viorna	Connatae
urophylla、kweichowensis	Viorna	Connatae
ranunculoides、buchananiana	Viorna	Connatae
orientalis、intricata	Atragene	Meclatis
serratifolia、tangutica	Atragene	Meclatis
hexapetala	Clematis	Angustifoliae
veitchiana、rehderiana	Viorna	Connatae
uncinata	Clematis	Rectae
aethusifolia	Viorna	Connatae
chinensis、obscura	Clematis	Rectae

[中国の原種]

クゥエイチョウエンシス
C. kweichowensis

中国名:貴州鉄線蓮
花期:秋咲き(9、10月頃)
常緑葉。時計草のような巻ひげで絡み付く。花は黄色4弁。下垂して咲く。弁内側は薄赤味を帯びている

貴州鉄線蓮とテキセンシスの比較

あたかも貴州(中国人)とテキサス(アメリカ人)の平和会談?
C. kweichowensis(yellow) C. texensis(red), it is like a peace-conference with China, U.S.A.

アェスシフォーリア
C. aethusifolia

花期:6月から9月
花色:釣り鐘型の薄いクリーム黄色
人参葉をより細かくしたような葉。蔓性でよく伸びる(carrot-like foliage)

ラナンキュロイデス
C. ranunculoides (?)

日本ではラナンキュロイデスの名で流通しているが、正式の学名はユアンジャンジェンシスかもしれない
This photograph might be C. yuanjiangensis instead of C. ranunculoides.
花期：秋咲き（10、11月頃）
1)

ラナンキュロイデス
C. ranunculoides (?)

2) 上のものより大型の品種

ヘキサペタラ
C. hexapetala

中国名：棉団鉄線蓮
花期：春咲き（5、6月頃）
中国北部の草木性植物。原種

ウンシナータ
C. uncinata

花期:春咲き(5月頃)
花色:白花
アーマンディより軟らかい葉。芳香はあるが強くない

チネンシス
C. chinensis

花期:6月から9月

ブチャナニアーナ
C. buchananiana

花期:11月から12月
中国の雲南・四川省よりインド北部地方の自生種

ファルゲッシー
C. fargesii

オリエンタリス
C. orientalis

別名:Orange Peel（オレンジの皮）
花期:6月から9月

オリエンタリスの群生

ベイチアーナ
C. veitchiana

花期：夏から秋
レーデリアーナ（C. rehderiana）と混同するが、ベイチアーナのほうが花はまとまっている

レーデリアーナ
C. rehderiana

ベイチアーナとの違いは、小花柄上に一対の苞片があること

［園芸品種］

ジャスパー
C. 'Jasper'

ファルゲッシーとレーデリアーナ（花粉親）の交配種

中国の原種モンタナ類

　もともとは中国の原種だが、園芸品種として最も適している。

　一輪は小さいが、多花性で日本でよく咲く。一部には芳香があり、樹性は一般には強い。蔓性でも数十年経てば大木になる。古蔓に開花する。のばせば10mから20m以上にもなる。変種が多い。種子ができやすいので交配も栽培も他のクレマチスより簡単である。

　花色は赤色、ピンク色、白色等で、一重は4弁。八重咲き、半八重咲きもある。花期は4月でクレマチス大輪品種の開花する前に咲く。現在は交配による園芸品種が多く、20、30種は簡単に入手できる。

　最近はモンタナ系の大輪品種を作出する傾向が出てきた（montana × Wada's primrose = Primrose Star）。この品種はモンタナの蔓に大輪品種の半八重咲きで、花色はクリーム黄緑色（花は「満州黄」の半八重）。

　モンタナ系には青色や紫色、赤紫色の花がない。次の課題である。赤色もフレッダの赤では物足りないので、きつい赤黒い花が求められている。

　モンタナ類は一期咲きで、四季咲き性がない。

［モンタナの原種］

モンタナ アルバ
C. montana alba

ヒマラヤ地方に自生。原種

スプーネリー
C. spooneri

中国の原種（S. W. China, Tibet）
1909年、Spoonerにより発見

[園芸品種]

モンタナ 白寿
C. montana 'Hakuju'

作出者：早川廣（raised by H. Hayakawa）

モンタナ エリザベス
C. montana 'Elizabeth'

作出者：George Jackman & Son, England（1958）
selected form of Montana.

モンタナ ベラ
C. montana 'Vera'

作出者：in England in Mid-1900s

モンタナ フレッダ
C. montana 'Freda'

作出者：Freda Deacon, England（1985）
seedling of C. 'Pink Perfection'

モンタナ メイリーン
C. montana 'Mayleen'

作出者：in England（before 1984）, introduced by Jim Fisk
Possibly a selected seedling

モンタナ ルーベンス
C. montana rubens

Found in China by Augustine Henry (around 1886) and rediscovered by Ernest Wilson who sent seed to England

モンタナ フラグラント スプリング
C. montana 'Fragrant Spring'

モンタナ スターライト
C. montana 'Starlight'

モンタナ マージョリー
C. montana 'Marjorie'

作出者:Marjorie Free, England(1980)
seedling of C. montana wilsonii

モンタナ ジェニー カイ
C. montana 'Jenny Keay'

作出者:Alister Keay, New Zealand

モンタナ ブルックフィールド
C. montana 'Brookfield'

モンタナ ブロートン スター
C. montana 'Broughton Star'

作出者：Vince and Sylvia Denny, England（1988）
hybrid of C. montana 'Marjorie' × C. montana 'Picton's Variety'

モンタナ プレニフローラ
C. montana 'Pleniflora'

作出者：Hansreudi Horn-Gfeller, Switzerland（around 1980）
seedling of C. montana

モンタナ マーガレット ジョンズ
C. montana 'Margaret Jones'

作出者：Anne Smyth, England（1991），（white double flower）
chance seedling of montana varieties

黒花ハンショウヅル

　黒花ハンショウヅルは大きく2種類に分類できる。

1）フスカ（C. fusca）

　自生地は中国北部から東北部、日本（北海道および北方四島）、朝鮮半島、モンゴル、北部ロシア（カムチャッカ、サハリン）、東部、南東部シベリア

　花色：茶黒色で短毛が生えている。弁先は少々反転する。

　羽状複葉で小葉は卵形。頂小葉は小さく、時には巻ひげ状になる。性状は生育環境により変化。おおむね茎は直立して一つの花を頂生するものが多い

　土地の名前がついている場合がある。

　フスカ・カムチャッカ（C. fusca kamtschatica）

　フスカ・マンシュリカ（C. fusca mandshurica）

　エゾハンショウヅル（C. fusca yezoensis）

　千島ハンショウヅル

2）イアンチーナ（C. ianthina）＝フスカ・ビオラシア（C. fusca forma violacea）

　自生地は朝鮮半島北部、アムール川周辺（ロシア、中国の国境沿い）。

　花色：黒紫色、黒青色、ほとんど短毛は見られない。弁先は少々反転する。

　たしかに、イアンチーナを栽培して実生ができた時、表面がすべすべしていて、黒青色から赤紫色、黒紫色、黒色の花が現れたことがあった。

　どちらかと言うと茎は蔓性となり、頂小葉は巻きひげ状になり、葉腋にも花をつけるようになる。

　フスカ・カムチャッカは黒花ハンショウヅルの範疇に入るが、薄茶色の花が咲いたこともあった。

　私が最も興味を覚えたのは、この花の変化である。それは黒色の花が咲くことが当たり前ということだからである。クレマチスに黒花があり、短毛が生えてないのが咲いた時は、なんと不思議な種類だと考えたのは、私だけであろうか？

　以上の黒花や薄茶色の花色は、他のクレマチス属にはない花色であることを強調したい。

千島ハンショウヅル

エゾハンショウヅル
C. fusca yezoensis

フスカ
C. fusca

フスカ
C. fusca

フスカ
C. fusca

フスカ カムチャッカ
C. fusca kamtschatica

赤茶色。咲き始め。弁先が反転していない

フスカ カムチャッカ
C. fusca kamtschatica

赤茶色、弁が長い

フスカ カムチャッカ
C. fusca kamtschatica

内弁は赤紫色

フスカ カムチャッカ
C. fusca kamtschatica

弁が短い

イアンチーナ
C. ianthina

つぼみが開花寸前。弁は紫色なので別名フスカ・ビオラシア（C. fusca violacea）と言われている

イアンチーナ
C. ianthina

花弁が短い、紫色のもの。開花したところ

イアンチーナ
C. ianthina

長弁、赤紫色

イアンチーナ
C. ianthina

長弁、青紫色

イアンチーナ
C. ianthina

長弁、黒紫色

イアンチーナ
C. ianthina

長弁、黒色

朝鮮半島および済州島のクレマチス

　日本から最も近い国には、美しい原種がある。日本のクレマチス愛好家には意外と知られていないので、特別にこの項を設けた。原種は入手が難しく、ヨーロッパで作出された園芸品種を含め、紹介したい。

　私たちが保有している品種は次の数種類である（これらは分類学上 Genus Atragene に属す）。

◎コーリアーナ フラグランス（C. koreana var. 'Fragrans'）
　コーリアーナ（C. koreana）の種子を現地で採集、その実生

◎コーリアーナ ブルーネット（C. koreana var. 'Brunette'）
　作出者：Magnus Johnson（1979）
　hybrid of C. koreana 'Fragrans' × C. fauriei

◎コーリアーナ クラウディウス（C. koreana var. 'Claudius'）
　作出者：Magnus Johnson（1979）
　hybrid of C.koreana 'Fragrans' × C. macropetala 'Alborosea'

◎コーリアーナ コルメラ（C.koreana var. 'Columella'）
　作出者：Magnus Johnson（1979）
　hybrid of C. koreana 'Fragrans' × macropetala 'Rosy O Grady'
　（原種のコーリアーナの花は外弁が茶黒色、内弁が黄色）

済州島の原種
◎チィサネンシス（C.chiisanensis）
済州島で採集されたチィサネンシスの種子の実生
◎チィサネンシス ラブ チャイルド（C. chiisanensis 'Love Child'）

コーリアーナ フラグランス
C. koreana var. 'Fragrans'

コーリアーナ ブルーネット
C. koreana var. 'Brunette'

コーリアーナ クラウディウス
C. koreana var 'Claudius'
（C. koreana 'Citra' を改名）

コーリアーナ コルメラ
C. koreana var. 'Columella'

チィサネンシス
C. chiisanensis

自生地：韓国の済州島
1）

2）

チィサネンシス ラブ チャイルド
C. chiisanensis 'Love Child'

韓国の済州島で自生種から採集された種子より出た変種

アフリカの原種

　この地域には数種のクレマチス原種が確認されているが、現在は流通していない。流通している品種は、ブラチアータ（Clematis brachiata）のみである。Sect Clematis　Sub sect Africanae

　この原種の自生地はマラウィ、モザンビーク、ジンバブウェおよび南アフリカ共和国。

　当地での花期は3、4月（南半球）、日本では9、10月である。

　グランディフローラ（C.grandiflora）もアフリカ（Angola, Uganda, Zaire, etc）の原種だが、流通していない。一部の愛好家が保有している程度である。この原種に関しては119頁参照。

ブラチアータ
C. brachiata

落葉性で耐寒性がある
花弁4、5枚。白色。黄色の雌しべ、雄しべが長く広がる。芳香あり。一度に開花するので、花芯が開いた状態はダイナミックである
1)

2)ブラチアータの群生（栽培）

❀ アーマンディ
C. armandii

　中国の中・西部、チベット東部、ミャンマー北部、ベトナム北部に自生している常緑葉のクレマチス原種。蔓性で、花は白色とピンク色があり、強い芳香をもつ。白粉のような芳香が素晴らしい。数十m離れていても上品な香りが漂ってくる。

　開花期は3月で、早咲きのものは2月頃に咲くことがある。

　花がクリーム黄色を帯びている場合もある。

　アーマンディ（C. armandii）は中国では薬用植物として重宝されていたらしい。日本では薬用植物として栽培されることはない。カザグルマ（C. patens）は中国から薬用植物として日本に入ってきたとの説があるが、アーマンディはなぜ薬用植物として導入されなかったのだろう。

　最近、さまざまな園芸品種が作出され、花形の大きな、整っている品種が現れてきた。

　蔓性なので大木に絡ませれば、大木に花が咲いたようにみえる。常緑葉で耐寒性があり、枯れ木に絡ませると、「枯れ木に花が咲く」感がする。

アーマンディの薬効

　四川省では主に薬草として通っており、全国（中国）の薬草一覧に記載されているところによれば、茎は利尿やむくみをとるのに効果があり、尿道や乳腺から雑菌が入ったことによる腫れ、むくみ、母乳が出ない、利尿が悪いといった症状に効き目がある。また、リウマチ、生理不順、胃痛、小児マヒの後遺症にも効き目がある。化膿止め（粉にして使用）や腰痛などにも効く。ただし、胃潰瘍の患者は服用してはならない。新鮮な茎汁は疲れ目にさすこともできる。さらに防虫用の農薬も生産できる（『中国植物志』第28巻参照）。

アーマンディ
C. armandii

中国名：小木通
原産地：中国
白粉のような芳香がある

アーマンディの開花後 種子の状況

アーマンディ アップル ブロッサム
C. armandii 'Apple Blossom'

ピンク色の花。芳香はあるが、白色のアーマンディほど強くない

陶器の置時計（子犬）とC. 'Niobe'
クレマチスは晩秋に開花

アーマンディ ジェフリース
C. armandii 'Jeffries'

アーマンディ メイェニアーナ
C. armandii 'Meyeniana'

アーマンディ ボウル オブ ビューティ
C. armandii 'Bowl of Beauty'

Wim Snoeijer discovered in the collection of John Fopma, Holland and named in 1992

冬咲きのグレウィイフローラ

C. grewiiflora

ヨーロッパでは、C. grewiiflora と C. grandiflora が混乱しているようだ。これらの原種の葉型、花容は、少々差異がある。

花色は共に「黄金色」で、外弁には金色の短毛が生えている。

原種の自生地　C. grewiiflora　　Himalaya, N. India, Nepal, S. W. China, S. Tibet
　　　　　　　C. grandiflora　　Angola, South Ethiopia, Congo（Zaire）

ヨーロッパで発刊されたクレマチス解説書（複数）では、写真を取り違えている。C. grandiflora の写真を C. grewiiflora としていて、C. grewiiflora の写真を C. grandiflora としている（私の C. grewiiflora の写真が C. grandiflora として紹介されている本もある）。また、C. grewiiflora の自生地での写真を、ブチャナニアーナ（C. buchananiana）として紹介している本もある。

本書では、三田市在住の菊田穣氏が1998年にヒマラヤ山地にて撮影した C. grewiiflora の写真を拝借した。

In Europe there is a confusion between grewiiflora and grandiflora. We understand that some books incorrectly introduced C.grandiflora as C.grewiiflora and vice-versa.
The photographs were taken by Mr. Minoru Kikuta in the mountain of Himalaya in 1998, this is C. grewiiflora.

（相原）

ヒマラヤの崖縁に咲いていた C. grewiiflora

フィルムケースに差した C. grewiiflora

179

アトラジェン グループ
Genus Atragene group

C. chiisanensis、C. koreana は朝鮮半島・済州島の項で、C. fauriei、C. ochotensis、C. fusijamana は日本の自生種の項で、C. tenuiloba は北米の原種の項で記述したので、ここでは C. alpina、C. macropetala に関して述べる（ただし上記の園芸種でアルピナ・マクロペタラに近いものはこの項に入れることにした）。

　アルピナは日本のミヤマハンショウヅルに最も近縁関係にあり、シベリアからヨーロッパ中部より南部、東フランスからユーゴスラビア北西にかけてのアルプスに自生し、4弁の下向きの青紫色の花を5月から7月に前年の古枝から生じたシュートにつける（時には八重になることがある）。初秋にもう一度咲く。

C. alpina 園芸種として
　C. alpina sibirica 'Riga'
　C. alpina 'Ametistina'
　C. fauriei 'Blue Scent'
　C. barbellata 'Pruiniana'

C. macropetalaはその八重咲きで、中国北部から東モンゴルからシベリアにかけて自生する。

C. macropetalaおよび園芸種として下記の品種を紹介したい
　C. macropetala（原種）
　C. macropetala 'Campanulina Plena'
　C. macropetala 'Ballet Skirt'
　C. 'Propertius'
　C. macropetala 'Violacea Delphini'
　C. platy sepala

アルピナ　シビリカ リガ
C. alpina sibirica 'Riga'

作出者：Magnus Johnson, Sweden
seed obtained from the University Botanic Gardens in Riga, Latvia

アルピナ　アメティスティナ
C. alpina 'Ametistina'

作出者：Magnus Johnson, Sweden (1975)
hybrid of C. fauriei × C. sibirica F2
コミヤマハンショウヅルの血が入っている

フォーリエイ ブルー セント
C. fauriei 'Blue Scent'

バーベラータ　プルイニアーナ
C. barbellata 'Pruiniana'

作出者：Magnus Johnson, Sweden (1972)
hybrid of C. fauriei × C. sibirica F2

マクロペタラ
C. macropetala

カンパニューリナ プレナ
C. 'Campanulina Plena'

作出者:Magnus Johnson, Sweden (1980)
hybrid of C. fauriei × C. sibirica

プロパティウス
C. 'Propertius'

強い芳香あり
作出者:Magnus Johnson, Sweden (1979)
hybrid of C. koreana var. Fragrans × C. 'Rosy O' Grady'

マクロペタラ バレエ スカート
C. macropetala 'Ballet Skirt'

作出者:Stanley Zubrowski, Canada (1981)
seedling of C. 'Rosy O' Grady'

マクロペタラ ビオラシア デルフィニ
C. macropetala 'Violacea Delphini'

作出者:Magnus Johnson, Sweden (1980)
seedling of C. macropetala

プラティ セパラ
C. platy sepala

中国の原種

ツブローサ グループ
Genus Tubulosae

このグループで私たちが保有しているものには：C. heracleifolia 'Sander'
C. heracleifolia 'Marinka'
C. heracleifolia 'Crepuscule'
C. heracleifolia 'China Purple'
C. stans 'Jouiniana'
C. heracreifolia 'New Love'
C. urticifolia
等々がある。

　C. heracleifoliaについて言えば、雌雄異株の草本で、下部は木化する。茎は直立し、高さは1mにも達する。葉は対生、長柄で、3出複葉か3出羽状。花はだいたいブルーの小輪。ガク片は立って筒状、または鐘状の花が頂上と葉腋にかたまって咲く。香りもある。

　C. urticifolia（日本の原種参照）は花が壺状となるので、クサボタンと区別される。朝鮮、本州（佐渡も）に自生すると言われている。

草ボタンの改良された園芸交配品種
　草ボタン（C. stans）や中国のヘラクレイフォーリア（C. Heracleifolia）等は Sub sect. tubulosa に分類され、多くの園芸交配種が作出されている。一般にはヘラクレイフォーリア属とも言われている。

中国青色草ボタン
C. 'China Purple'

穂の先端30cmほどの各節に花がつく。ヘラクレイフォーリアの一種であろう。品種名は C. Heracleifolia 'China Purple' であろう

クレプスキューレ
C. bonstedtii 'Crepuscule'

作出者：Victor Lemoine, France（around 1900）
hybrid of C. tubulosa × C. stans
甘い香りがする

サンダー
C. 'Sander'

作出者：Rinus Zwijnenburg, Holland（1991）
seedling of C. potanini var. fargesii, Wim Snoeijer
suspects the pollen parent should be C. heracleifolia

マリンカ
C. 'Marinka'

樹勢はC.'Sander'と同じ

ジュイニアーナ
C. 'Jouiniana'

作出者：Nursery of Simon-Louis Freres, Metz, France
（around 1900）
hybrid of C. tublosa × C. vitalba

ニュー　ラブ
C. heracleifolia 'New Love'

作出者：Jan Fopma, Holland（1996）
香りがあり60cm～80cmで、この種としてはあまり大きくない

ホヤ・クリスタル 花瓶（高さ23cm）
Hoya Crystal

🌸 その他のクレマチス

中国を除き、その近隣国の原種や一般の園芸品種（交配）等

C. ladakhiana

C.'Aromatica'

C.'My Angel'

C.'Treasure Trove'

C.'Anita'

C. ispahanica

［原種］

ラダッキアーナ
C. ladakhiana

Sect. Meclatis（Orientalis group）
花期：8月から10月
カシミール地方に分布。黄色の花弁にブロンズ色の細かい斑点がある

イスパハニカ
C. ispahanica

（Section Fruticella, subsection Ispahanicae）

自生地：イラン、ロシア
原種。花はあまり美しくはないが、種子は生け花に使用できる

［交配種］

マイ　エンジェル
C. 'My Angel'

hybrid of C. intricata × C. orientalis var. orientalis
作出者:Wim Snoeijer
低温では外弁が茶色になるが、温度が上がると黄色に変色する。暖地ではC. 'Treasure Trove'と同色。葉の色が濃い

トレジュア　トローブ
C. 'Treasure Trove'

作出者:Jan Fopma, Holland
hybrid of C. orientalis × C. intricata
低温では外弁が茶色になる

アニータ
C. 'Anita'

作出者:Rinus Zwijnenburg, Holland(1998)
seedling of C. potaninii var. fargesii
クリームイエローのつぼみが、開花すると純白になる。奇数羽状複葉。葉・茎共に白い柔毛が生えている。写真は雄花と思われる

アロマチカ
C. 'Aromatica' (herbaceous Group)

作出者:in France (around 1845)
hybrid of C. flammula× C. integrifolia
切り花に適する。花は小さいが黄色い花芯が大きい。芳香がある。木立性

スノージャー氏(Mr. Wim Snoeijer)と著者栗山

エビソン氏(Mr. Raymond Evison)と著者相原

左から著者相原、広田哲也氏、早川廣氏

チェシール氏(Mr. Charles Chesshire)
クレマチス庭園にて

ニュージーランドのカイ夫妻と著者相原
クレマチス庭園にて

アーチクレマチス属（中国名：互叶鉄線蓮属）

　クレマチスの葉は蔓に対性につくが、アーチクレマチスは葉が互性につく。この属にはアルテルナータ（alternata）がある。自生地はヒマラヤ地方で、葉は常緑、真っ赤な花が印象的である。

　『クレマチス』（誠文堂新光社、昭和42年）には、「日本の探検隊によって数年前ネパールで発見されたもの。葉は単葉で花は濃い澄んだ赤色で濁った色を含まず、きわめて注目すべきものである」とある。

1）アルテルナータ（Archclematis alternata）

2）花期：7、8月頃
葉は心形の常緑、花は真っ赤で、下垂して咲く。弁先は少々反転する

参考資料

『クレマチス楽しみ方作り方』日本クレマチス協会編　誠文堂新光社　昭和42年（1967）

『The Gardener's Guide to Growing CLEMATIS』Raymond Evison, Timber Press, 1998

『クレマチス』猪野泰三、中村久子　日本テレビ　昭和61年（1986）

『CLEMATIS The Complete Guide』Ruth Gooch, 1996, The Crowood Press

『中国植物志』第28巻　科学出版社（中国語）

『An illustrated Encyclopedia of CLEMATIS』Mary Toomey, Everett Leeds, Timber Press, 2001

『KLEMATIS』Magnus Johnson, 1997（スウェーデン語版および英語版）

『CLEMATIS THE GENUS』Christopher Grey-Wilson, B T Batsford, 2000

『CLEMATIS』Barry Fretwell, Collins, 1989

著者紹介

栗山知美（クリヤマ サトミ）

70歳。愛知県一宮市徳法寺（勝栗）の坊守。名古屋市立の病院で薬剤師として35年勤務、その後は寺を守りながらクレマチス栽培に専念している。クレマチスの小輪品種、特に原種に興味を持ち、収集している。クレマチス栽培歴は10年だが、原種、小輪品種を多く収集している。

日本クレマチス協会、英国クレマチス協会（BCS）に所属。

写真提供：『An illustrated Encyclopedia of CLEMATIS』（Timber Press 2001）に5枚

相原佳暉（アイハラ ヨシアキ）

旧姓：兼重佳暉（カネシゲ ヨシアキ）

67歳。40年間アメリカの大手貿易商社に勤務（ニューヨーク本社3年）。25年間クレマチスを栽培している。小輪品種、原種および大輪品種にも興味を持ち、収集していた。地方にクレマチス園を保有していたが、大病にかかり、現在はマンションのベランダで細々とクレマチスを栽培している。海外にクレマチス仲間が多い。

英国クレマチス協会に所属（国際クレマチス協会にも過去に所属）。

写真展：1996年11月、光が丘のギャラリーで「クレマチス花の写真展」を開催。大輪品種60点、原種・小輪品種20点の写真を展示。

テレビ出演：1998年5月、日本テレビ系「クレマチスに魅せられて」に出演（日本テレビは5月24日放映）。

クレマチス　花・写真集
Photographs of Clematis flowers

2003年3月20日［初版第1刷発行］
写真・本文　栗山知美・相原佳暉
ⒸSatomi Kuriyama and Yoshiaki Aihara　2003
発行者　服部良一
発行所　株式会社碧天舎
　　　　〒101-0051
　　　　東京都千代田区神田神保町1-2-5
　　　　電話 03-5217-3171（代表）
　　　　URL http://www.hekitensha.com
カバー・本文デザイン　村越康成
印刷・製本所　図書印刷株式会社
ISBN4-88346-170-X
Printed in Japan
乱丁・落丁本はお取り替えいたします。
定価はカバーに表示しています。